PSICANÁLISE E ECOLOGIA

Blucher

PSICANÁLISE E ECOLOGIA

O inconsciente e o ambiente

Cosimo Schinaia

Tradução

Tania Mara Zalcberg

Psicanálise e ecologia: o inconsciente e o ambiente
Título original: *L'inconscio e L'ambiente: psicoanalisi e ecologia*

Publisher Edgard Blücher
Editor Eduardo Blücher
Coordenador editorial Rafael Fulanetti
Coordenação de produção Andressa Lira
Produção editorial Luana Negraes
Preparação de texto Bárbara Waida
Diagramação Negrito Produção Editorial
Revisão de texto Maurício Katayama
Capa Leandro Cunha
Imagem da capa iStockphoto

Blucher

Rua Pedroso Alvarenga, 1245, 4º andar
04531-934 – São Paulo – SP – Brasil
Tel.: 55 11 3078-5366
contato@blucher.com.br
www.blucher.com.br

Segundo o Novo Acordo Ortográfico, conforme 6. ed. do *Vocabulário Ortográfico da Língua Portuguesa*, Academia Brasileira de Letras, julho de 2021.

Dados Internacionais de Catalogação na Publicação (CIP)
Angélica Ilacqua CRB-8/7057

Schinaia, Cosimo
Psicanálise e ecologia : o inconsciente e o ambiente / Cosimo Schinaia ; tradução de Tania Mara Zalcberg. – São Paulo : Blucher, 2024.
264 p. : il.

Bibliografia
ISBN 978-85-212-2230-9
Título original: L'inconscio e L'ambiente: psicoanalisi e ecologia

1. Psicanálise. 2. Ecologia. I. Título. II. Zalcberg, Tania Mara.

24-3896 CDD 150.195

Índice para catálogo sistemático:
1. Psicanálise

Para Amedeo e Romilda, Claudio e
Carmen, Maria Grazia e Franco.
Para meus tios, meus sobrinhos e meus primos.
Para Ignazio, Mario e Rocco e todos
os meus amigos de Taranto.

Conteúdo

Agradecimentos

Agradeço a Sally Weintrobe pelo prefácio à edição em inglês. É uma honra e um prazer. Na verdade, seu prefácio demonstra seu longo e apaixonado envolvimento no estudo das resistências individuais e coletivas que impedem a tomada de consciência de que questões relativas às alterações climáticas e, em geral, à crise ambiental são da maior urgência.

Agradeço a Lorena Preta, coordenadora do grupo de Geografia da Psicanálise da Associação Psicanalítica Internacional (IPA). Admirei muito seu apaixonado prefácio à edição italiana do livro, que demonstra sua cultura psicanalítica ao mesmo tempo profundamente enraizada na tradição e aberta a novas realidades psicossociais.

Sou grato também a Luca Mercalli, presidente da Sociedade Meteorológica Italiana, cujas contribuições enriqueceram enormemente este meu trabalho com sugestões instigantes e comentários bem ponderados. Luca ofereceu sua expertise peculiar por meio do ponto de vista de um ambientalista curioso e inteligente.

Agradeço a Stefano Bolognini e Florence Guignard, cujo apoio demonstra seu amor pela natureza e seu conhecimento psicanalítico.

Riccardo Brunacci, Jean-Pierre D'Haenens, Marie Antoinette Ferroni, Mireille Fognini, Alfredo Lombardozzi, Dimitris Malidelis, Giacomo Orlando, Mario Pennuzzi, Enrico Pinna e Jacopo Schinaia generosamente leram o livro em diferentes etapas, contribuindo assim para sua evolução e proporcionando comentários e sugestões relevantes. Minha gratidão a eles pela paciência.

Minha gratidão também a Joseph Dodds, Renee Lertzman, Luc Magnenat e Sally Weintrobe. Seus livros, tão ricos em importantes contribuições de diversas áreas do pensamento, colocam os temas ambientais no centro do debate psicanalítico internacional. Eles me inspiraram tremendamente.

Não posso esquecer de agradecer a Giuseppe Lo Dico e Kathryn Haralambous pela tradução do livro para o inglês, não apenas especializada e clara, como também envolvida emocionalmente.

Prefácio à edição em inglês

Sally Weintrobe[1]

Estou muito feliz por ter sido convidada a escrever este prefácio à edição inglesa do livro de Cosimo Schinaia sobre a crise ecológica. Henry James descreveu a morte como "a coisa distinta", enfatizando assim sua seriedade. Em minha opinião, a crise ecológica é a "coisa distinta" de hoje. É *a* questão do nosso tempo e envolve a morte em grande escala. Na verdade, alguns comentadores hoje denominam nossa era o início do Necroceno. A tentação é negar a gravidade com estratégias como "minimização", "normalização" ou "desaparição". O estilo caloroso, envolvente e íntimo de Schinaia ajuda-nos a permanecer no tema.

Este é um livro erudito e, ao destacar isso, quero agradecer a Schinaia especialmente por reunir e resumir grande parte do trabalho sobre clima e ecologia realizado por cientistas humanos, a maior parte na última década. Cientistas humanos estão

1 Membro da Sociedade Psicanalítica Britânica e presidente do Comitê de Clima da Associação Psicanalítica Internacional. Editora do livro *Engaging with the Climate Change: Psychoanalysis and Interdisciplinary Perspective* (Routledge, 2013). Seu último livro é *Psychological Roots of the Climate Crisis: Neoliberal Exceptionalism and the Culture of Uncare* (Bloomsbury, 2021).

abandonando seus silos acadêmicos e se conectando para estudar de maneira coletiva em que circunstâncias as pessoas tendem a rejeitar a realidade e – o que é crucial – que condições psíquicas, sociais e materiais são necessárias para garantir que a vida seja sustentável. Cosimo introduz ideias de psicanálise, psicologia analítica, psicologia de grupo, ecopsicologia, ética, filosofia, psicologia social, antropologia, literatura, sociologia, estudos psicossociais, teoria da complexidade, geografia, arquitetura e urbanismo. Imagino esse empreendimento colaborativo como peças do mesmo jogo, o qual é fortalecido pelo que denomino "a nova imaginação". Como a análise de Cosimo esclarece, essa imaginação busca a interdisciplinaridade, estando aberta às influências do que encontra. É curiosa, não conquistadora, e busca conexões.

Cosimo critica de maneira convincente o conceito de psicanálise "aplicada" (que se contrapõe à clínica individual "pura"). Do seu ponto de vista, as defesas operam em diferentes níveis: dentro do indivíduo, em grupos e no nível geral do ser humano. As defesas apresentam enorme semelhança familiar ao longo dessas escalas, o que as torna tão reconhecíveis quanto padrões fractais que se repetem. Sua crítica não é à teoria psicanalítica em si, mas à maneira generalizada como ainda é enquadrada. Na verdade, Freud considerava a psicanálise como uma teoria geral da mente, em que o trabalho clínico é apenas uma de suas aplicações.

Maneiras específicas de "aplicar" a teoria estão sendo contestadas em todas as disciplinas. Eis dois exemplos provenientes da arquitetura e da economia. Sue Roaf, professora de Design Urbano (2018), descreveu o que chamou de "arquitetura do século XX", que começa com a concepção pré-formada de um edifício e depois o constrói sem levar em conta o contexto ou o local. "Pense em Dubai", disse ela. Ela convoca a uma arquitetura do século XXI que se comprometa com a ecologia mais ampla e esteja aberta à influência dessa ecologia. Um exemplo: nós mantemos uma temperatura uniforme controlada tecnologicamente dentro de um edifício-padrão, ou projetamos edifícios que "funcionem de acordo com" os padrões climáticos e como os corpos das pessoas se adaptam a eles? Essa questão também pode servir como metáfora: nós nos isolamos da realidade climática e permanecemos numa bolha de rejeição em que conflito e angústia são minimizados, ou estamos abertos à realidade e a sermos modificados por ela?

O atual quadro econômico dominante baseia-se no imperativo de crescimento infinito. Mais uma vez, essa ideia está divorciada de qualquer consideração pelos limites ambientais. A teórica da complexidade Donella Meadows, em *Beyond the Limits* (Meadows et al., 1972), expôs e perturbou o enquadramento do "crescimento infinito" com o diagrama simples de um quadrado *dentro* de um círculo. O quadrado representava a economia e o círculo representava a ecologia mais ampla. Tanto Roaf como Meadows sinalizaram a necessidade de uma teoria "limitada", em outras palavras, uma teoria inserida num contexto específico. Ambas contestaram a ideia de que modelos e sistemas teóricos podem ser "aplicados". Na verdade, esse tipo de "aplicação" psicanalítica levou a críticas justificadas por ser a-histórica.

O pensamento "aplicado" corre o risco de ser um pensamento fechado, menos aberto a aprender e a mudar por meio da experiência. Atualmente testemunhamos uma mudança de paradigma nas ciências humanas e naturais, na medida em que ambos os ramos abandonam e transcendem esse tipo de pensamento fechado que, como sugiro, é característico de uma modernidade que declara a existência de uma natureza a ser gerida e conquistada, natureza esta que deve "se encaixar". Há a mudança para uma mentalidade que reconhece que nós é que nos adaptamos, somos formados e encontramos nossos limites dentro de uma ecologia mais ampla.

Cosimo descreve em detalhes os escritos de Freud sobre o meio ambiente e nos lembra que a obra pioneira de Robert Searles se revelaria fundamental para os que se seguiram. Em 1972, Searles diagnosticou com precisão o problema enfrentado pela humanidade ao dizer com antevisão: "No esforço impositivo de nos livrarmos de maneira onipotente do conflito humano, corremos o risco de provocar nossa extinção". O conflito só é enfrentado verdadeiramente com o reconhecimento de que existem limites para o desejo, a ganância e os direitos.

A era neoliberal – aproximadamente os últimos quarenta anos – viu o excepcionalismo disparar (ver Weintrobe, 2021). O excepcionalismo na política e na cultura geral implica sentir-se no direito de usar o pensamento onipotente para idealizar-se, para justificar que se ignorem limites e fronteiras e para fazer "desaparecer" os conflitos que geram, principalmente o conflito moral. O pensamento onipotente reduz de forma "como se" qualquer conflito sentido a respeito da ganância, da geração de desperdício e do esbanjamento, temas que Cosimo explora em profundidade. Valorizei principalmente como ele mostra, com material clínico, o que a psicanálise pode oferecer para compreender o fracasso da humanidade em viver dentro de suas possibilidades.

Como disse Leopold Aldo, ter educação ambiental é viver num mundo de ferimentos. Ao lermos este livro, tomamos consciência de que não somos conquistadores da natureza, mas caminhamos feridos em sua presença contaminada. Cosimo nos ajuda nisso introduzindo uma nota pessoal, falando da sua dor ao encontrar o mundo da sua infância tão transformado e degradado. Agora temos muito a lamentar enquanto enfrentamos danos e perdas fora e dentro de nós.

Interessei-me principalmente pela seção sobre trabalho, em que ele expõe o argumento fácil – o falso binário – que diz aos trabalhadores de determinado local que podem ter empregos ou um belo ambiente sustentável, mas não ambos. A escolha é sua. Cosimo desmascara esse argumento. Eu acrescentaria que esse enquadramento insensível tem a potencial implicação de que os trabalhadores é que devem tolerar a culpa pelos danos que, na verdade, são causados principalmente por uma classe industrial atual que persegue apenas o lucro, desrespeitando as pessoas e o planeta. As pessoas têm direito ao trabalho e a um ambiente que alimente o espírito.

Os capítulos deste livro trazem evidências que deixam transparecer o poder de uma abordagem analítica. Suas análises detalhadas com *especificidade histórica* revelam fatos clínicos (defesas, evidências de traumas e feridas traumáticas) em nível individual e grupal. Ao investigar o material dos pacientes, ele mostra as maneiras complexas como o trauma, tanto individual quanto coletivo, pode inserir-se nas questões sociais. Isso me fez considerar a palavra "material" sob nova luz. Como psicanalistas, estamos muito familiarizados com a ideia de material clínico. Com demasiada frequência, esse "material" é tratado de forma redutiva como "representante" das relações entre objetos humanos (eliminando mais uma vez o contexto e o ambiente mais amplos, ou tratando-os apenas como metáfora). No relato de Cosimo, fica claro que "material" é algo em que a mente, inclusive a mente inconsciente, consegue trabalhar. Uma construção psíquica se faz a partir de elementos subjetivos internos entrelaçados e de elementos materiais do mundo externo: a água que desperdiçamos, as paisagens degradadas que lamentamos. A mente humana trata tudo isso como "material" que ela se esforça para examinar minuciosamente e localizar sua pertinência dentro ou fora de nós, ou ambos.

Prefácio à edição italiana

Lorena Preta[1]

Talvez esteja surgindo uma nova área para a psicanálise, caracterizada pelas intuições profundas da psicanálise freudiana e pós-freudiana, mas livre da preocupação de estigmatização como intuições da assim chamada psicanálise aplicada ou de uma teoria incompetente e ineficaz, se for ampliada além de seus limites. Além disso, essa nova era não considera que o pensamento psicanalítico seja produto de uma doutrina de "alto nível" impossível de ser contaminada pelo que é real. Isso permite à psicanálise encontrar o significado profundo de sua peculiaridade própria, algo que Freud tinha em mente desde o início.

A psicanálise pode nos ajudar a compreender os fatos individuais e coletivos sem esconder seus aspectos problemáticos, antes exaltando-os como objetos inevitáveis de investigação.

É uma era para avaliar a complexidade e os vários níveis que definem a realidade. Não podemos ignorar essa realidade às custas de empobrecer nosso pensamento e de nos desligarmos da prática

---

1 Membro titular da Sociedade Psicanalítica Italiana e presidente do grupo "Geografias da Psicanálise" da Associação Psicanalítica Internacional.

da vida. Hoje, a prática da vida apresenta-se como um processo perigoso, repleto de ambiguidades e riscos, vivo, rápido, às vezes doloroso, algo que nos impede de deixar de pensar e agir.

Este livro de Cosimo Schinaia nos impulsiona para o tema mais urgente: o meio ambiente. Aborda a crise ambiental por meio de citações e referências diversas, refinadas, mas muito próximas da realidade com que lidamos todos os dias, a realidade que afeta cada um de nós.

Não pretendo reconsiderar aqui os estágios claramente definidos e descritos da psicanálise e das outras disciplinas que o livro discute. Antes, pretendo escrever sobre o que senti quando pensei neste prefácio. Isso porque acredito que representa claramente a posição que o autor nos convida implicitamente a assumir sobre o problema ecológico.

Em geral, quando se escreve ou considera determinado tema, a pessoa deve retirar-se e examinar referências pessoais, ler sobre o assunto, talvez atualizar suas opiniões a respeito. Mas, quando refleti sobre este livro, achei impossível me separar.

Acredito que seja obrigatório prestar atenção ao que Schinaia escreve e argumenta, para fazer uma escolha clara, organizada e definida sobre a crise ambiental. Ao ler este livro, logo se reconhece que esse problema não pode de forma alguma ser evitado.

Considero este livro necessário. Não podemos nos afastar da sua mensagem, demorar, hesitar. Temos de enfrentar a brutalidade das coisas que a realidade coloca diante de nós – a realidade tal como ela é, sem quaisquer artifícios retóricos ou rejeições arbitrárias.

Com uma escrita fluida, Schinaia convida o leitor a reconstruir e ampliar seu mapa de referência sobre o meio ambiente.

Dentro-fora, indivíduo-grupo, natureza-cultura são algumas dicotomias que Schinaia oferece como marcos para esta jornada ecológica. Com essas dicotomias ele conecta o leitor à realidade básica. Cada termo só tem sentido se estiver ligado ao seu oposto: é a sua interdependência que constitui a complexidade das coisas. Não considerar um dos termos ou a inter-relação entre os dois equivaleria a uma espécie de amputação, uma limitação.

Na verdade, é impossível escrever sobre a imaginação individual sem considerar a imaginação coletiva que está enraizada em sua base. Elas estão em relação de determinação mútua.

Nem podemos considerar a imagem de um ambiente apenas como mundo externo, independente da representação que dele temos em nosso mundo interno. Por exemplo, seria impossível construir uma cidade, uma casa ou qualquer dos objetos que produzimos sem pensar que isso depende, ao menos em parte, da projeção de algumas partes conscientes ou inconscientes da nossa mente.

Da mesma forma, é impossível considerar a controversa dicotomia milenar entre natureza e cultura sem ter em mente que essa dicotomia é insípida se não considerar uma relação bidirecional. Tal relação não deve ser concebida em termos de oposição, mas em termos de construção conjunta. O livro trata desses tópicos a partir de muitas perspectivas diferentes.

Mas o que Gregory Bateson define como "padrão que conecta" por meio de uma ligação epistemológica entre natureza e cultura, que Cosimo Schinaia cita e exalta, nem sempre é evidente. Muitas vezes consideramos que vários desafios ambientais estão desconectados uns dos outros. Ou negamos veementemente qualquer possibilidade de solução coletiva.

Mais do que qualquer outra teoria e prática, a psicanálise tem como tarefa compreender por que, diante de tantas evidências de danos tão graves e perigosos ao meio ambiente, a humanidade é quase incapaz de compreender o que aconteceu e o que ainda pode acontecer.

Como o livro salienta de modo brilhante, existe uma infinidade de mecanismos de defesa, como cisão, intelectualização, negação, repressão, supressão, deslocamento, rejeição. Cada um oferece uma solução que mascara a angústia proveniente da consciência do perigo, impossibilitando a reparação dos danos materiais, psicológicos e morais. Quero ressaltar que com o adjetivo "moral" refiro-me à dimensão ética da nossa mente, aquela dimensão específica que a torna humana.

Às vezes parece que a consciência do perigo deveria vir de fora, talvez de uma civilização extraterrestre, como no clássico filme de ficção científica *O dia em que a Terra parou* (1951), de Robert Wise, em que os extraterrestres querem conscientizar a humanidade da sua destrutividade e tentar corrigi-la.

Somos nós que impedimos a nossa própria consciência do perigo e dos danos causados à biosfera. É o nosso mundo interno, a nossa infinidade de maneiras conscientes e inconscientes que nos impossibilita de abrir os olhos para a realidade.

A angústia que pode destruir o indivíduo é o que nos cega para essa conscientização e, como Schinaia argumenta com clareza, não é apenas um mecanismo de defesa individual, mas também coletivo. Nas palavras de Schinaia, é crucial integrarmos "os sentimentos angustiados de perda" e finitude para "encontrar uma relação autêntica com um mundo dinâmico e incerto".

É também crucial evitarmos a reação oposta, ou seja, a exaltação acrítica do mundo natural que leva a "uma adesão conformista e fanática à ideologia ambiental", uma espécie de alucinação grupal.

O livro considera muitos tópicos. Os pontos de vista se cruzam, muitas vezes se opõem, a fim de proporcionar uma explicação que considere os inúmeros aspectos do problema.

Ao longo do livro encontramos vinhetas clínicas que definem personagens e vicissitudes, mostrando como nossa mente e nossa experiência podem ser afetadas por obstruções mentais que levam a comportamentos complexos. Exemplos desses comportamentos incluem o desperdício de água e recursos ou a busca obsessiva de proteção contra agentes externos considerados contaminantes. Esses comportamentos refletem uma distorção complexa das dimensões pessoal e coletiva. Deixam claro que a psicanálise, melhor do que outras disciplinas, permite compreender como as experiências pessoais e as dinâmicas internas podem refletir as relações problemáticas com o meio ambiente.

Achei muito instigante a referência pessoal do autor a um acontecimento doloroso da história italiana, relativo à Ilva, uma empresa siderúrgica italiana com sede em Taranto. A poluição produzida pela empresa ao longo de muitos anos teve muitas consequências fatais que ainda não foram resolvidas. Schinaia vem de Taranto. Por meio das lembranças de um passado que não existe mais e que só pode fazer parte de sua narrativa pessoal, ele não apenas explica ao leitor os efeitos deletérios da contaminação e do envenenamento da água, do solo e do ar, como também delineia como essa situação diz respeito a questões de trabalho e de emprego. Em Taranto, as pessoas devem enfrentar o paradoxo de a Ilva salvá-las da pobreza e, simultaneamente, condená-las a matar a natureza e os seus semelhantes.

Nos romances e filmes de ficção científica, os extraterrestres são por vezes conquistadores agressivos (muito semelhantes a nós), mas por vezes são observadores intergalácticos que percebem que nosso planeta é belo e extraordinário, cheio de água, vegetação e muitas formas de vida.

Em *O dia em que a Terra parou* há uma frase extraterrestre ("*Klaatu, Barada, Nikto!*") para impedir qualquer retaliação contra os humanos agressivos e obtusos. No filme essa frase funciona muito bem. Mas e quanto a nós, que ainda lutamos para encontrar um sistema de tradução que facilite a comunicação entre as várias pessoas dos vários países do mundo externo e que ligue os vários e muitos níveis da nossa organização mental? Seremos capazes de encontrar uma frase semelhante para travar nossos ataques à sobrevivência da humanidade?

Talvez conheçamos essa frase, mas não percebemos que deveríamos dizê-la para nós mesmos.

Introdução
O papel da psicanálise

Este livro foi pensado e escrito majoritariamente antes da pandemia global que pode mudar de maneira séria, inesperada e profunda a condição humana. A desatenção à perda de biodiversidade nos ecossistemas favoreceu o início da pandemia da covid-19. A exploração excessiva do solo e alterações relacionadas na sua utilização e a destruição da vida selvagem aumentaram o risco de doenças infecciosas. Isso ocorreu porque seres humanos e animais de estimação se tornaram mais próximos da vida selvagem portadora de patógenos. Assim, os processos ecológicos que controlam as doenças foram perturbados ou destruídos. Hoje, em virtude de o conflito entre nossas liberdades individuais, garantidas pelo princípio da autodeterminação, e as necessidades de proteção social, garantidas pelo princípio da utilidade coletiva, ser tão agudo, é extremamente necessário investigar a ligação entre o sofrimento individual, as organizações simbólicas e as práticas de cura e cuidado da nossa comunidade. Isso pode ser feito por meio da osmose entre interior e exterior, consciência e inconsciência, organização mental e organização social, natureza e cultura, o movimento entre "dentro" e "fora", espaço mental e espaço externo, a redefinição instável e contínua dessas duas áreas por meio de suas mudanças, suas transformações e suas reorganizações. São questões espinhosas em duplo registro, intrapsíquico e interpessoal (Schinaia, 2014/2018b).

O ambiente nos rodeia. Nós respiramos e dependemos dele. Ao mesmo tempo, o ambiente habita dentro de nós, em nossas mentes, nos sonhos, nos conflitos, nas angústias, nos medos.

Em "Frases", Arthur Rimbaud (1886/1957) escreve que esticou cordas de campanário para campanário; guirlandas de janela para janela; correntes douradas de estrela para estrela, e ele dança.

Jean-Bertrand Pontalis (1986/1993) argumenta que precisamos de muitos lugares dentro de nós para ter esperança de sermos nós mesmos.

Na mais recente edição italiana do meu livro *Interno esterno* (Schinaia, 2016, p. XXIV), observo que a palavra "texto" (do latim *textus*) significa textura. Espero que meu leitor consiga reconhecer o fio condutor deste texto e beneficiar-se das minhas considerações pessoais a respeito de uma estrutura extremamente complexa, mas rica e viva de teorias, observações, pontos de vista e reflexões. Espero que possa ter acesso à felicidade pela coabitação de linguagens trabalhando lado a lado (Barthes, 1973/1975).

Para fomentar as trocas entre o interior e o exterior, é necessário construir continentes, locais de transição e interligação.

A conversa entre diferentes linguagens científicas e culturais produz modelos que conectam áreas do conhecimento diferentes e desconexas e permite a estruturação de formas diversas e originais de linguagem e experiência. Essas formas não podem ser a soma das linguagens e experiências originais, mas algo que delas surge, com configuração própria e vida autônoma e original.

Pretendo mostrar que a psicanálise não deve ser considerada um artigo de luxo, mas uma fonte crucial que pode ajudar a definir os mecanismos de defesa individuais e grupais que obstruem nossa conscientização dos graves problemas ecológicos atuais – as catástrofes e os desafios que precisamos enfrentar. Apesar de eu deixar todas as questões sobre a mesa, enfatizo a relevância de uma discussão constante com outras formas de conhecimento, experiência e linguagem. É possível conseguir isso sem quaisquer ambições pretensiosas de conquista ou, no outro extremo do espectro, sem qualquer busca de harmonia totalizadora. O que possibilita essa discussão é a certeza da importância da cultura e da experiência psicanalíticas, que podem oferecer recursos, ferramentas e processos capazes de enfrentar de forma construtiva nossos desafios ecológicos.

Enfatizo que não se trata de um renascimento do antigo conceito de psicanálise aplicada, ou seja, de uma explicação subjetiva, a-histórica, basicamente reducionista e patologizante de um intérprete da realidade externa, um intérprete que não aceita a possibilidade de uma confirmação ou uma falsificação de tal realidade e que reduz tudo ao funcionamento inconsciente e à sua decifração sem considerar a riqueza dos seus significados.

No *Seminário VII* sobre "A ética da psicanálise", Jacques Lacan (1959-1960/1992) propõe uma "psicanálise envolvida", uma psicanálise que, apesar de seu enorme e bem definido corpo de trabalho, ainda é capaz de se enriquecer graças a estudos teóricos e termos clínicos provenientes de outras culturas. Assim, a psicanálise pode tornar-se um organismo vivo, em evolução, capaz de compreender e imaginar que humanidade está se formando, ou melhor, que humanidade estamos construindo (Preta, 2019).

Luc Magnenat (2019a) diz que a psicanálise não deve ser *aplicada*, mas *interessada* (do latim *inter esse*, estar dentro).

A questão é: como enfrentar a enorme contradição entre as imagens do progresso, do desenvolvimento irrefreável e ilimitado, algo que foi erguido como modelo inatingível, por um lado, e, por outro, as fomes e as informações perturbadoras sobre o clima a que estamos diariamente expostos?

O que acontece com nossos neurônios sentimentais, com nossas pequenas vontades emocionais, que, apesar dos alarmes existenciais, continuam a amar, a sonhar e a pensar numa fuga ou em como sobreviver? A nossa relação com a crise climática é caracterizada por altos e baixos, momentos loucos e paixões. O risco ambiental é uma espécie de *doppelgänger* que precisamos enfrentar (Offill, 2020).

Como é repleta de contradições a condição humana! Exterminamos outras espécies e depois nos esforçamos para salvá-las da extinção; destruímos o ecossistema e depois mobilizamo-nos para salvar o planeta; construímos edifícios frágeis e, depois de um terremoto, descobrimos nossas virtudes heroicas, arriscamos nossas vidas para libertar uma alma ao menos das ruínas (De Renzis, 2020).

As alterações climáticas são um tema sensível e controverso que gera um debate acalorado e polêmico, caracterizado não só por preocupações e questionamentos, mas também por suspeitas e indiferença. O meio ambiente tornou-se um símbolo indissociável da sociedade moderna (Berger & Roques, 2016).

Hoje tendemos a estudar apenas o que podemos medir. Como resultado, excluímos áreas da subjetividade humana, como os nossos sentimentos em relação à natureza e às alterações climáticas e as nossas empatia e ligação com outras espécies (Weintrobe, 2013a).

Em seu comentário ao testemunho de São Francisco de Assis, Jorge Mario Bergoglio (Papa Francisco) (2015) observa que uma ecologia integral exige abertura a categorias que transcendem a linguagem da matemática e da biologia e nos levam ao cerne do que é ser humano.

A atitude epistêmica do Papa Francisco encontra respaldo nas palavras que Albert Einstein parece ter escrito no quadro negro de seu escritório no Instituto de Estudos Avançados de Princeton, em Nova Jersey (EUA): "Nem tudo que importa pode ser contabilizado, e nem tudo que pode ser contabilizado importa".[1] A citação de Einstein é significativa pois sublinha o papel que as características emocionais subjetivas desempenham nas ciências naturais.

As palavras do Papa Francisco e de Albert Einstein devem ser consideradas seriamente nas muitas discussões ambientais que se baseiam apenas no lado descritivo e dramaticamente objetivo da catástrofe que enfrentamos e não consideram a força das defesas mentais a nível individual e grupal. Essas defesas enfraquecem nossa conscientização dos danos que criamos e sofremos.

Vittorio Lanternari (2003) cunhou o termo *ecoantropocentrismo* para definir o espaço conceitual e experiencial em que o *ecológico* e o *antropológico* se articulam de maneira adequada. Esse é o lugar por excelência em que fatores humanos e não humanos se interligam de múltiplas maneiras, tanto em ressonância como em conflito, e de onde podem advir fraturas e possíveis reparações futuras (Lombardozzi, 2006).

Philippe Descola (2005/2013) parte do seu trabalho de campo sobre as tribos Jivaros Achuar da Amazônia para afirmar que é preciso ultrapassar a distinção entre natureza e cultura que o mundo ocidental considera fundamental. Na verdade, essa distinção não é muito explicativa porque postula, por um lado, um mundo "objetivo", algo duro, estável, de natureza autônoma, e, por outro, o mundo das contingências, isto é, da cultura ou das culturas. Ele propõe uma nova abordagem teórica que permite a distribuição de continuidade/descontinuidade entre o ser humano e seu ambiente. Animais, plantas, minerais, água, montanhas não são simplesmente a

---

1 Ao menos como W. B. Cameron relata em seu livro de 1963.

natureza a explorar ou proteger, mas partes de uma coletividade à qual nós e as outras criaturas pertencemos da mesma maneira e com os mesmos direitos.

À luz da análise dos aspectos políticos, científicos, tecnológicos e econômicos do aquecimento global, a ciência, a tecnologia e a economia não podem produzir e manter resultados satisfatórios por si só, mas devemos colocar a dimensão ética do problema no centro do debate internacional (Rich, 2019).

A dimensão ética é uma práxis orientada para a criação de um paradigma de felicidade e desejo de algo alternativo ao que já conhecemos, um paradigma livre do sistema capitalista contemporâneo, que prescreve um modelo de progresso ilimitado e de maximização do lucro que orienta indivíduos e escolhas coletivas para explorar de modo agressivo os recursos ambientais (Benasayag, 2020).

O rabino Jonathan Sacks (2020) sublinha que o bem de um único indivíduo não pode ignorar toda a comunidade, a interligação moral com os outros. Sem essa interligação, corremos o risco de decadência, de desestabilização social, de redução da liberdade, da dignidade e da solidariedade. Ele propõe uma "mudança climática cultural" em oposição à contradição entre o nível atual de riqueza (certamente aumentado em todo o mundo) e a falta de felicidade individual. A proposta de Sacks pretende também destacar o papel das redes sociais na modificação da natureza das relações interpessoais, nomeadamente quando colocam no centro da vida o *self*, a autoestima, o individualismo, a autorrealização e a autoexpressão, e não a sociedade.

A crise ambiental é uma crise existencial traumática que questiona a própria constituição do nosso tecido humano e inflige um "ferimento moral" (Weintrobe, 2021). Essa crise requer um trabalho cultural considerável para desenvolver novos paradigmas ambientais e uma nova ética das relações da nossa espécie com as espécies não humanas (Magnenat, 2021).

A sociedade globalizada e o contexto histórico-cultural contemporâneo influenciam profundamente todas as subjetividades, tanto em nível individual como social. O historiador Aldo Schiavone (2020) defende que essa é a maior mudança na história da humanidade: estamos perto da fronteira que divide dois mundos, o natural e o cultural. Isso porque começa a ser difícil distinguir entre o que é criado naturalmente e o que é produzido de modo técnico e cultural.

A grande velocidade das mudanças climáticas faz sofrerem todos os seres humanos e questiona os fundamentos do nosso pensamento, de nossas escolhas e nossas certezas (Magnason, 2019/2020).

Lorena Preta (2018) suplica que enfrentemos nossas mudanças mentais determinadas pelas mudanças nas condições ambientais. Para ela, a psicanálise é uma disciplina bem estruturada, ao menos como método terapêutico, que prescreve um encontro direto e exclusivo com o mundo interno do paciente, com suas forças fantasmáticas e motrizes, e que visa construir um espaço analítico peculiar em que os inconscientes do analista e do paciente podem confrontá-los. Apesar do foco na dinâmica interna, a psicanálise não pode deixar de lidar com as enormes mudanças ambientais e com a forma como elas podem modificar o ponto de vista sobre o mental e sua dinâmica.

A psicanálise precisa investigar profundamente as novas geometrias da mente, os novos mal-estares da civilização, as novas declinações do sofrimento mental relacionadas com as estruturas de identidade tradicionais em ruínas e os fiadores metapsíquicos como costumávamos conhecê-los.

Jacques Press (2019) ressalta as muitas dificuldades inerentes ao enfrentamento de uma realidade nova e crítica, à procura de novos pontos de ancoragem quando estamos desorientados no difícil momento entre o "já não" e o "ainda não". Ele pergunta como é possível pensar quando nossa casa está pegando fogo. Existe um hiato entre a necessidade de uma ação urgente relacionada com uma crise, por um lado, e o colapso do nosso funcionamento mental, por outro, especialmente porque somos os agentes da destruição. Ele argumenta que existe um sério risco de teorização concreta, de adoção de conceitos psicanalíticos de forma acrítica numa situação extremamente complexa que requer novas maneiras de pensar.

Bion (1973-1974/1990) argumenta que estamos em um estágio muito avançado para entender o tamanho dos nossos problemas, mas não tanto para saber como resolvê-los.

Para enfrentar uma nova realidade, devemos utilizar ferramentas novas e antigas e ultrapassar o que conhecíamos.

Assim, Pierre Fédida (2007) sugere que o papel do analista é imaginar o que outra pessoa vivenciou. Portanto, o papel do analista é imaginar, caso contrário estaremos perdidos: não imaginar é negar o que realmente ocorreu. Isso exige que usemos a imaginação mesmo quando o que aparece diante de nós parece um buraco, uma imagem vazia, um vácuo sem cavidade. Mais radicalmente, isso significa que devemos imaginar o que desapareceu e foi desmontado, os vestígios e pistas apagados.

Devemos arriscar novas análises, criar novas ferramentas mentais, propor novos modos de compreensão, permitindo considerar de novo e de modo provisório a relação com o estranho que escolhemos como nossa forma de estar no mundo (Kaës, 2013).

Os psicanalistas hoje precisam, por um lado, referir-se a uma cultura da psicanálise muito enraizada na tradição e, por outro, ter suas mentes muito abertas para enfrentar as novas realidades psicossociais e compreender profundamente os novos mal-estares da civilização, as novas formas de sofrimento psíquico relacionadas com a desintegração das estruturas tradicionais de identidade, dos fiadores metapsíquicos como os conhecíamos até agora.

O Capítulo 1 ("Notas sucintas sobre os principais passos para se opor à emergência climática") avalia a atual crise ambiental, suas peculiaridades e suas consequências, as tentativas de resolvê-la, os acordos de colaboração, mas também as divergências que atrasam uma solução.

O Capítulo 2 ("Nós e o meio ambiente") propõe uma profunda inter-relação de todos os seres vivos e todas as espécies como antídoto para a destruição do ecossistema. O foco principal do capítulo é a necessidade de desenvolver um conceito de planejamento urbano que equilibre construção e espaços verdes e que tenha no seu cerne a recuperação da cidade. O capítulo termina com o tema da transmissão transgeracional e do legado que deixaremos aos nossos filhos.

O Capítulo 3 ("Freud e o meio ambiente") está dividido em duas partes: a primeira descreve a relação romântica de Freud com a natureza, com base nas suas cartas das montanhas e do mar e em algumas notas preparatórias para "O mal-estar na civilização" (1930); a segunda avalia os pensamentos contraditórios de Freud sobre a relação entre o homem e a natureza, pois explicitam suas ideias sobre o meio ambiente e sua relevância para o progresso e o desenvolvimento de nossa civilização.

O Capítulo 4 ("A psicanálise e a crise ambiental") concentra-se no desenvolvimento da teoria psicanalítica pós-Freud sobre a natureza e o meio ambiente e enfatiza uma dificuldade significativa dos psicanalistas em confrontar temas ecológicos. Somente na década de 1960 Harold Searles passou a tratar dessas questões, abrindo caminho para uma reflexão que seria reconsiderada na década de

2000, quando as questões da poluição e do aquecimento global se tornaram urgentes. Isso marcou o início de uma investigação sobre as defesas patológicas, tanto em nível individual como de grupo, que impedem uma consciência plena e madura da gravidade da situação.

O Capítulo 5 ("Resíduos") aborda os diversos significados simbólicos dos resíduos. As vinhetas clínicas ilustram como diferentes aspectos neuróticos da personalidade e diferentes histórias pessoais desempenham um papel crucial na relação entre os seres humanos e o lixo, resultando por vezes em atitudes e comportamentos inadequados, incoerentes e arriscados.

O Capítulo 6 ("Desperdício") investiga o desperdício de recursos domésticos, como água e aquecimento, e, de modo mais geral, o consumismo, entrelaçando histórias clínicas e a interdependência entre mundo interno e meio ambiente.

O Capítulo 7 ("Poluição luminosa e sonora") discute como o bem-estar psicofísico dos seres humanos e de outras espécies está sob ataque de distúrbios ambientais. A poluição e a atitude em relação à escuridão e à luz, por um lado, e aos sons e ao silêncio, por outro, emanam de histórias e conflitos individuais e podem ser elaboradas na relação terapêutica.

O Capítulo 8 ("Do individual ao social") descreve a conexão, as semelhanças e as diferenças entre os mecanismos de defesa individuais e grupais. O capítulo avalia características defensivas típicas de certos ambientalistas militantes que podem reduzir o impacto da sua mensagem. Os exemplos incluem a adesão fanática ao ambientalismo, a exaltação crítica do mundo natural, a dramatização obsessiva das práticas de defesa ambiental e a oposição ao progresso científico. Esses mecanismos de defesa idealizam a relação entre o homem e a natureza a ponto de distorcê-la, deturpá-la e torná-la retórica e basicamente inautêntica. Além disso, propor apenas ações rápidas e práticas para as alterações climáticas em geral é terrorístico ou, na melhor das hipóteses, culpabilizante e fadado ao fracasso, pois não considera os confusos investimentos afetivos, as memórias, os desejos e as angústias das pessoas.

O Capítulo 9 ("O conflito do equilíbrio trabalho-saúde") examina a dolorosa contradição entre o bem-estar psicofísico (e, portanto, ambientes saudáveis) e o direito ao trabalho. Aventura-se numa viagem histórico-sentimental entre Taranto, onde nasci, e Gênova, onde moro, duas cidades italianas onde as siderúrgicas tiveram consequências terríveis em termos de habitabilidade e sustentabilidade ambiental.

Por fim, o Capítulo 10 ("Servidores do futuro") faz um balanço das reflexões e dos argumentos dos capítulos anteriores. Propõe possíveis ideias a serem adotadas para evitar a mentalidade nostálgica-utópica e sugere meios realistas e otimistas de lidar com a crise ambiental, tanto em nível individual como grupal.

1. Notas sucintas sobre os principais passos para se opor à emergência climática

Aprovada por unanimidade pela Assembleia Geral das Nações Unidas em 6 de dezembro de 1988, a "Proteção do Clima Global para as Gerações Presentes e Futuras da Humanidade" formou a base para o processo que levou à Convenção-Quadro sobre Mudanças Climáticas de 1992, ao Protocolo de Quioto de 1997 (ratificado por 192 países) e ao Acordo de Copenhague de 2009. Países grandes com economia em desenvolvimento e abundância de recursos naturais e estratégicos, como a China e a Índia, pediram mais tempo para aderir ao último e não concordaram em ser colocados no mesmo nível que as grandes nações ocidentais, que desfrutaram da industrialização livre de regras protetoras contra danos ambientais.

Aprovada por 196 países na Conferência das Nações Unidas sobre Alterações Climáticas de 2015, em Paris, a resolução começa com uma afirmação básica: "As alterações climáticas representam uma ameaça urgente e potencialmente irreversível para as sociedades humanas e para o planeta".

O acordo exige a máxima cooperação para reduzir as emissões de gases de efeito estufa. Ele afirmava que só entraria em vigor em 2020 se 55 países que produzem ao menos 55% das emissões mundiais de gases de efeito estufa o ratificassem, aceitassem e aprovassem.

O acordo contempla:

- Manter o aumento da temperatura global bem abaixo de 2 graus Celsius. Cerca de duzentos países pretendiam limitar o aumento da temperatura acima dos níveis pré-industriais a 1,5 grau Celsius, de acordo com o Acordo de Copenhague. Para atingir essa meta, os países precisariam começar a reduzir as emissões até 2020.
- Um acordo global. Ao contrário do que aconteceu cerca de seis anos antes, quando o acordo não foi alcançado, todos se comprometeram a limitar as emissões, mesmo os maiores poluidores, como China, Europa, Índia e Estados Unidos.
- Controles de prazo de cinco anos. Os objetivos precisam ser revistos a cada cinco anos. Em 2018, foi pedido que os países limitassem as emissões para estarem preparados para 2020. Assim, a primeira revisão ocorreu em 2023.
- Financiamento para energias sustentáveis e renováveis. A partir de 2020, os países industrializados mais avançados dedicariam um mínimo de 100 bilhões de dólares americanos por ano para promover tecnologias verdes e limitar a utilização de carbono em todo o mundo. O novo objetivo financeiro deverá ser alcançado aproximadamente até 2025. As empresas de gestão de investimentos poderiam contribuir.
- Reembolso para os países mais necessitados. O acordo estabelece um mecanismo para compensar as perdas financeiras criadas pelas mudanças climáticas nos países mais vulneráveis geograficamente (e muitas vezes mais pobres).
- Equidade climática. Os países ricos devem reduzir suas emissões a zero nos próximos doze anos, para os países pobres poderem melhorar as condições de vida por meio da construção

de infraestruturas, hospitais e redes de abastecimento de água e eletricidade.

Durante a cúpula do G20 em Hangzhou, em 2016, os prefeitos das cidades mais importantes do mundo pediram aos líderes nacionais que se unissem contra a ameaça global das mudanças climáticas e arquitetassem um mundo baseado em economia de baixas emissões e em segurança climática. Os presidentes da China e dos Estados Unidos, e depois da Comunidade Europeia, anunciaram sua adesão formal ao Acordo de Paris. Isso indicou que mais de 55 países teriam concordado com o acordo até 2020, como foi previsto em 2015. É importante notar que em 2015, bem como em 2014, a economia mundial cresceu sem registar aumento das emissões globais de CO_2.[1] No entanto, a Organização Meteorológica Mundial informou que o CO_2 na atmosfera ultrapassou o "limiar psicológico" de 400 partes por milhão. Isso significa que a quantidade de CO_2 produzida nos últimos anos começou a diminuir, mas não tanto a ponto de ser reabsorvida pelos chamados sumidouros de carbono, como os oceanos e as grandes florestas. Atingir níveis

1 Em artigo de 1896, o químico sueco Svante Arrhenius, Prêmio Nobel de Química em 1906, calcula que o aumento duplo de CO_2 na atmosfera levaria a um aumento de 5-6 graus Celsius. Talvez ingenuamente, Arrhenius argumenta que o consumo industrial de combustíveis fósseis beneficiaria a agricultura graças ao efeito estufa e que a temperatura de Estocolmo cairia. No entanto, ele também calculou que isso levaria milênios: não poderia prever o enorme aumento da utilização de combustíveis fósseis no século XX. Freud era extremamente atento e curioso quanto à popularização da ciência e tinha em sua biblioteca londrina a edição alemã (1908) do livro de Svante Arrhenius sobre o aquecimento global (Trosman & Simmons, 1973). Dito isso, Leonardo da Vinci prevê o problema do aquecimento global há meio milênio no seu *Codex Arundel*. Ele descreve uma Terra árida, seca pelo sol a ponto de extinguir os seres vivos e a natureza. Nomeada em homenagem ao seu primeiro proprietário reconhecido, Henry Howard XXIII, Conde de Arundel, a obra é uma coleção de 283 desenhos e escritos datados de 1478 a 1518. Está preservada na Biblioteca Britânica em Londres.

de concentração atmosférica de cerca de 450 partes por milhão (ppm) de CO_2 significa um aumento de 2,1 graus Celsius. Assim, níveis de 350 ppm de CO_2 significam um aumento de temperatura de 1 grau Celsius. Para evitar dificuldades na gestão das alterações climáticas, os níveis de CO_2 na atmosfera devem ser estabilizados até 2030.

Em 2017, a administração Trump colocou em xeque a adesão ao Acordo de Paris ao cancelar o Plano de Energia Limpa da administração Obama, que previa restrições de emissões industriais e reduções de centrais elétricas a carvão, e ao recusar a assinatura de uma declaração conjunta sobre o clima na Reunião Ministerial de Energia do G7 em Roma, em 2017.[2]

Em relação à posição de Donald Trump, Paul Hoggett (2013) argumenta que, nas primeiras fases de qualquer investigação científica, o ceticismo pode desempenhar um papel importante no desenvolvimento de um corpo sólido de evidências. Mas, uma vez estabelecidas as evidências, a postura cética pode tornar-se uma persistência obstinada no que é falso ou o ceticismo irracional pode tornar-se uma perversão. No debate sobre as mudanças climáticas, essa perversão fica evidente quando os céticos argumentam que a ciência fornece apenas estimativas, e não provas. Os céticos exigem a verdade absoluta e aniquilam o verdadeiro valor das evidências e das teorias acumuladas em virtude de sua ausência.

O ceticismo conduz perversamente, em primeiro lugar, à simplificação do problema; em segundo lugar, à adoção do relativismo reducionista; e, em terceiro lugar, à negação das mudanças climáticas. A verdade é invertida e dados e descobertas científicos bem confirmados são considerados não comprovados e, na melhor das hipóteses, meras conjecturas. Uma das principais teses que apoiam

2 Em 2021, sob a administração Biden, os Estados Unidos voltam a aderir ao Acordo de Paris.

a negação das mudanças climáticas é a ideia de que existem oscilações regulares e cíclicas nas tendências de temperatura. É verdade que existem mudanças climáticas que não dependem da intervenção humana, mas também é verdade que ocorrem de forma muito lenta. O historiador Emmanuel Le Roy Ladurie (1967/2011) define os defensores dessas teses (que se revelaram cientificamente incorretas) como "possuídos pelo demônio da ciclomania".

Não obstante, a Europa, a China e outras grandes economias mundiais aderem ao Acordo de Paris, promovem a utilização de energias renováveis e reconhecem os méritos da chamada economia verde (Jamieson & Mancuso, 2017). Ao mesmo tempo, o presidente do Brasil, Jair Bolsonaro, promoveu recentemente novos projetos perigosos de desflorestamento na Amazônia, apresentando argumentos típicos dos negacionistas das mudanças climáticas.

A Conferência das Nações Unidas sobre Mudanças Climáticas de 2018, em Katowice, marcou uma diferença importante nos objetivos assumidos em Paris e nos compromissos firmados voluntariamente pelos governos. Assim, não foram estabelecidas e discutidas regras de mercado para o carbono[3] após 2020. A situação atual corre o risco de um aumento da temperatura superior a 3 graus Celsius. Tornou-se lugar-comum a ideia de que a proteção ambiental pode diminuir o crescimento, penalizar o emprego e empobrecer as pessoas. Isso seria verdade se, além do investimento em energias renováveis, carros elétricos e tecnologia sustentável, não houvesse investimentos para apoiar as pessoas afetadas de forma negativa pela redução dos combustíveis fósseis.

---

3 É o *comércio internacional de emissões*. Os Estados que aderiram ao Protocolo de Quioto concordaram em respeitar os objetivos de limitação/redução das emissões de gases de efeito estufa. Esses objetivos são medidos em "unidades de atribuição de quantidade". O comércio de emissões permite que as partes economizem as suas unidades (ou seja, optem por não utilizar algumas das suas emissões atribuídas) e as vendam a partes que excedam as suas.

Apresentado em Genebra em 2019, o Relatório Especial sobre Mudanças Climáticas e Solos do Painel Intergovernamental sobre Alterações Climáticas ressalta que mais ou menos um quarto dos gases de efeito estufa provém da má utilização do solo. Assim, devemos reduzir o desmatamento, aumentar o florestamento/reflorestamento, praticar uma agricultura mais sustentável e consumir menos solo, porque a irrigação dos campos corresponde a 70% do uso humano de água doce. Da mesma forma, devemos adotar uma dieta equilibrada, com alimentos à base de plantas, como cereais integrais, legumes, frutas e vegetais, cujo cultivo gera menos emissões de dióxido de carbono, e pouca carne vermelha, que produz gases de efeito estufa a partir de excrementos animais em grandes fazendas de criação.[4] O relatório calcula que 25-30% dos alimentos são perdidos ou desperdiçados: de 2010 a 2016, isso contribuiu para 8-10% do montante total das emissões mundiais de gases de efeito estufa.

Na Conferência das Nações Unidas sobre Mudanças Climáticas de 2019, em Madri, cerca de duzentos países decidiram conjuntamente como melhorar as estratégias de combate ao aquecimento global adotadas antes do Protocolo de Quioto e do Acordo de Paris, a partir de 2020. As principais medidas para atingir a meta de zero emissões até 2050 teriam sido:

- Renunciar aos combustíveis fósseis e substituí-los por fontes renováveis, como as energias eólica e solar.
- Decidir o montante dos fundos para os países em desenvolvimento, mais afetados pelo aquecimento global do que outros países.

---

4 Jonathan Safran Foer (2009, 2019) considera o tema da nossa alimentação e, portanto, da grande redução no consumo de produtos de origem animal para se contrapor às emissões de gases de efeito estufa. No seu livro de 2019, ele argumenta que, por um lado, apenas mudar nossa dieta não pode salvar o planeta, mas, por outro, não podemos salvar o planeta sem mudar nossa dieta.

- Revisão dos planos de transporte em todos os níveis por meio de um plano de descarbonização e desenvolvimento de veículos elétricos.
- Melhorar a eficiência da distribuição de energia por meio das chamadas redes inteligentes (inteligência de redes digitais).

Infelizmente, não se chegou a um acordo sobre as medidas práticas a adotar para atingir o objetivo. Isso demonstra que essas grandes questões são subestimadas.

A COP26 em Glasgow, em 2021, produziu resultados incertos. Enquanto os EUA e a Europa reconfirmaram 2050 como data prevista para alcançar a neutralidade carbônica, a Rússia e a China anunciaram a meta de emissões zero para 2060 e a Índia, para 2070. Cento e cinco países se comprometeram a reduzir as emissões globais de metano, um gás de efeito estufa responsável por um quarto do aquecimento global desde os tempos pré-industriais, em pelo menos 30% até 2030. Vários países se comprometeram a parar de financiar combustíveis fósseis no estrangeiro. Os Estados mais vulneráveis às mudanças climáticas sublinharam que as emissões dos países ricos são historicamente muito mais elevadas e apelaram à adoção de um "Pacto Emergencial para o Clima", solicitando o aumento acentuado do financiamento para apoiar as economias dos países em desenvolvimento. Finalmente, chegou-se a um acordo para o compromisso de parar o desmatamento até 2030. Na declaração final, foram reafirmados os objetivos do Acordo de Paris, ou seja, continuidade dos esforços para limitar o aumento da temperatura da Terra a 1,5 °C. Mas, segundo os especialistas, trata-se apenas de boas intenções, sem quaisquer compromissos rigorosos. Embora todos concordassem com o texto, a Índia e a China conseguiram substituir o termo "eliminação progressiva" por "redução progressiva" dos combustíveis fósseis.

O relatório de 2023 do Painel Intergovernamental sobre Mudanças Climáticas, assinado por cientistas de 195 países, reiterou firmemente que "O ritmo e a escala do que tem sido feito até agora e dos planos atuais são insuficientes para combater as mudanças climáticas". O resultado é a absoluta necessidade de manter o aumento médio da temperatura global abaixo do teto de 1,5 grau Celsius acima dos níveis pré-industriais. Atingir isso requer reduções profundas, rápidas e duradouras nas emissões de gases de efeito estufa em todos os setores: elas deveriam ser reduzidas até 2030 para metade dos níveis de 2010. "Estamos em uma encruzilhada. As decisões que tomarmos agora podem assegurar um futuro habitável. Temos as ferramentas e o *know-how* necessários para limitar o aquecimento". Essa ação deveria ser acompanhada por um compromisso ainda maior com medidas de adaptação, especialmente para as comunidades em maior desvantagem – que carregam responsabilidade mínima pela crise climática e sofrem a maioria das consequências.

Continuamos a testemunhar o surgimento de doenças que, como viajantes ansiosos, migram das áreas tropicais de origem, ou seja, de países distantes e pobres, onde são endêmicas, para novas áreas onde se adaptam. Hoje não é necessário ir à África para contrair malária ou, de forma menos dramática, nadar nos oceanos Atlântico ou Índico para encontrar peixes coloridos nadando com robalos cinzentos, que estão desorientados, mais ou menos como a humanidade numa invasão alienígena (Preta, 2019).

Nós, humanos, somos mais ou menos 7 bilhões (éramos 1,6 bilhão em 1900) e é uma estimativa plausível que chegaremos a 9 bilhões em meados deste século. Existem pessoas demais no mundo. Assim, o crescente aumento populacional, apesar da diferença numérica de país para país, coloca os recursos naturais em risco de exploração excessiva.

Apesar do progresso significativo dos últimos quinze anos, poucas pessoas têm acesso a água potável. Em 2015, três em cada dez pessoas (2,1 bilhões) não tinham acesso a água potável e seis em cada dez (4,5 bilhões) não tinham banheiro.[5] Em 2020, o Papa Francisco sublinhou que ninguém se salva sozinho e condenou o "individualismo radical" e a "globalização da indiferença".

A poluição ambiental mata mais ou menos 6 milhões de pessoas todos os anos. Nove milhões de pessoas morreram prematuramente por causa de água contaminada e poluição do ar em 2015, de acordo com um artigo publicado na revista *The Lancet* (Landrigan et al., 2017). A exposição a ar, água e solo contaminados mata mais pessoas do que a obesidade, o alcoolismo, a desnutrição e os acidentes de trânsito. As crianças correm mais riscos do que os adultos: a exposição direta a substâncias químicas *in utero* e na primeira infância causa doenças crônicas, deficiências e morte.

Uma em cada quatro mortes prematuras no mundo se deve às más condições ambientais, de acordo com o Global Environment Outlook, relatório escrito por 250 cientistas de 70 países e apresentado na Assembleia Ambiental da ONU em 2019. Hoje, as pessoas têm uma probabilidade 60% maior de trocar de país por estarem sujeitas à desertificação progressiva provocada por eventos meteorológicos extremos do que há quarenta anos.

Existem cerca de 25,3 milhões dos chamados imigrantes ambientais, de acordo com a Organização Internacional para as Migrações. Serão 143 milhões em 2050, segundo uma estimativa. O número de refugiados climáticos – aqueles que precisam emigrar em virtude da elevação do nível do mar causada por derretimento

5 Esses dados são do Relatório Mundial sobre o Desenvolvimento da Água intitulado "Leaving No One Behind", publicado no Dia Mundial da Água, em 22 de março de 2019.

dos glaciares e aumento da temperatura da água, todos fatores que erodem costas inteiras – é o triplo do número de refugiados de guerra. Seus números aumentam continuamente. Os fatores ambientais foram responsáveis por 9% das migrações da última década, uma vez que a própria sobrevivência dos povos indígenas depende diretamente de um ecossistema equilibrado. As pessoas que escapam dos desastres ambientais são forçadas a viver na clandestinidade e na pobreza: são muitas vezes vistas como o inimigo universal, o hostil freudiano, cuja única culpa é a sua mera presença, que ameaça o bem-estar ocidental.

O acesso a água potável e saneamento foi reconhecido como direito humano em 2010,[6] mas não é uma realidade para todos. Muitos movimentos mundiais para seu reconhecimento como direito humano fundamental estão em ascensão, em oposição à apropriação[7] global de recursos preciosos como a água e o saneamento. A água contaminada põe em risco algumas comunidades, tornando as pessoas menos resistentes a vírus e bactérias. As consequências incluem morte, infertilidade masculina e feminina e danos no desenvolvimento neurocerebral das crianças.

Várias disciplinas, entre elas a sociologia, a antropologia, a filosofia política, a filosofia da ciência, a psicologia, a arquitetura, o planejamento urbano, a climatologia e a ciência ambiental, apoiam a validade dos temas ecológicos. Mais especificamente, essas disciplinas apoiam a necessidade de sustentar o direito ao

---

6 Em 2010, sob proposta de alguns países latino-americanos, a Assembleia Geral das Nações Unidas e depois o Conselho de Direitos Humanos aprovaram duas importantes resoluções que sancionam o direito à água e ao saneamento como um direito universal, humano, autônomo e específico. Isso significa o reconhecimento como um direito humano essencial para a qualidade de vida e o exercício de todos os direitos humanos.

7 É o fenômeno dos conglomerados internacionais que adquirem fontes de água.

equilíbrio climático, à conservação dos recursos do planeta, à valorização da biodiversidade,[8] à utilização de energias alternativas, como as energias eólica e solar, e à luta contra o desperdício alimentar[9] e a obsolescência planejada.[10] Isso exigiria a reutilização, o reaproveitamento, a reciclagem e o fim da degradação ambiental do solo, das costas, dos oceanos e dos mares. Caso contrário, barcaças carregadas de lixo continuarão a atravessar nossos oceanos e mares, os sacos de plástico continuarão a sufocar golfinhos e

---

8 A agricultura industrial, ao estimular os agricultores a produzirem mais a preços menores, em vez de melhorar a qualidade dos alimentos, é responsável pela perda da biodiversidade global. Devemos progredir para um sistema agroecológico diversificado e sustentável. A partir de meados da década de 1900, as empresas agroquímicas e de biotecnologia agrícola têm desenvolvido e patenteado sementes com modificação genética. Esses gigantes empresariais, que muitas vezes também produzem pesticidas e herbicidas, causam um desequilíbrio destrutivo nos sistemas agrícolas e forçam os agricultores a comprarem seus produtos num ciclo de dependência: cadeias de abastecimento inteiras tornam-se frágeis ao abandonarem culturas nativas. O Parlamento Europeu manifestou-se contra essas patentes em setembro de 2019, propondo uma moção que ressaltou que, como as variedades vegetais e animais são processos biológicos, seus produtos não podem ser patenteados.

9 Uma lei francesa de 2006 permite que supermercados com área superior a 400 metros quadrados assinem um acordo com instituições de caridade para doar produtos não vendidos, obtendo em troca incentivos fiscais. Em 2019 essa possibilidade foi ampliada a restaurantes, cantinas públicas e privadas e pequenas lojas de produtos alimentares. Essa lei e a sua ampliação tentam resolver o problema do desperdício alimentar, que ocorre em residências particulares e representa 40% do desperdício total.

10 Outra lei francesa obrigará as atividades comerciais a doarem todos os produtos não vendidos a instituições de caridade até 2023. Os serviços de reparo são favorecidos, especialmente os de eletrodomésticos. As empresas deverão rotular os produtos com a expectativa de vida útil. Isso entrou em vigor em todos os países da União Europeia em 2021 e obrigará a indústria a disponibilizar peças de reposição ao menos durante sete anos após a venda de um produto.

aves, massas de microplásticos[11] continuarão a degradar a saúde da água,[12] já danificada pela acidificação e pela pesca de arrasto.

Devemos nos opor à deterioração da natureza e da biodiversidade, tanto em terra como na água, por exemplo, o desmatamento indiscriminado, a elevação do nível do mar que danifica as costas, a destruição progressiva das barreiras de recifes, as rápidas redução e extinção de uma infinidade de espécies animais e vegetais que mantêm o equilíbrio da biosfera.

Da mesma forma, precisamos também pôr fim à extração[13] interminável e à utilização excessiva de combustíveis fósseis e, como

---

11 Os microplásticos são partículas muito pequenas de plástico, cujo tamanho varia entre 330 micrômetros e 5 milímetros, provenientes da degradação de objetos plásticos maiores no mar devida ao vento, ao movimento das ondas ou à luz ultravioleta. Os filamentos de plástico podem ser difíceis de distinguir do plâncton, sendo, portanto, ingeridos por organismos marinhos, peixes e moluscos. Assim, podem representar risco no consumo de produtos da pesca. Além do mais, os microplásticos podem dar suporte para a proliferação de colônias de micróbios patogênicos (Greenpeace, 2016).

12 Estima-se que a Grande Mancha de Lixo do Pacífico, coleção flutuante de detritos marinhos, tenha até o dobro do tamanho do Texas (Moore & Phillips, 2011). Outra massa comparável de detritos flutuantes é a Mancha de Lixo do Atlântico Norte. Van Aken (2020) salienta que essa mancha é uma espécie de ilha que surge como algo ao mesmo tempo familiar (o plástico é tão típico do nosso mundo e constitui a nossa modernidade) e "estranho", ou seja, assustador e disforme. É algo ao mesmo tempo sólido e fluido, enorme e empoeirado. Pode recombinar-se por meio da mistura oceânica e tornar-se uma nova realidade polimórfica, evasiva e socialmente impensável. Essa ilha de plástico é um paradigma do que é impensável em termos da dicotomia natureza-cultura e, portanto, da forma como ordenamos o mundo. Por essa razão, é uma impureza absoluta e ameaçadora: é ao mesmo tempo familiar e estranha, fantasmática e inquietante.

13 *Fracking* ou fraturamento hidráulico é um processo de extração de petróleo e gás natural de rochas de xisto. Isso é obtido por meio da injeção de uma mistura tóxica de água, areia e produtos químicos a uma pressão muito elevada no subsolo. Esse processo provoca o surgimento de petróleo e gases naturais na superfície. O *fracking* é muito mais caro do que a perfuração tradicional e tem

consequência, ao aumento das emissões de gases de efeito estufa, em particular o CO_2,[14] para não continuarmos a criar catástrofes ambientais, como as inundações, e a tornar as ondas de calor mais quentes e as frentes frias mais geladas.

É crucial reconhecer essas questões, desde o ressecamento generalizado do solo, que pode significar possíveis conflitos entre agricultores e criadores pelas terras mais férteis e a consequente diminuição da produção alimentar, até o abuso de pesticidas e estimulantes ilegais de crescimento de plantas. Esses últimos contaminam nossa alimentação, mas lhe conferem um aspecto esteticamente agradável, levando-nos a confundir o "bom" com o "belo", o prazer do corpo com o dos olhos.[15] Além disso, matam abelhas e outros polinizadores úteis.

---

as seguintes consequências ambientais: (1) consumo da água trazida nos locais de exploração; (2) risco de contaminação dos aquíferos ao redor das áreas de extração com substâncias tóxicas, pois apenas 80% do líquido injetado retorna à superfície como água de refluxo, enquanto o restante permanece no subsolo; (3) ocorrência de pequenos tremores de terra. Muitos países europeus, incluindo a Itália, já não permitem o *fracking* e aguardam uma melhor compreensão de suas consequências ambientais.

14 Os aviões são especialmente poluentes por produzirem CO_2 mais rapidamente do que outras fontes de gases de efeito estufa. As viagens aéreas são um ponto cego nas questões ambientais. Por exemplo, na França, apenas quinze deputados da Assembleia Nacional propuseram a abolição dos voos domésticos de curta distância. Greta Thunberg (2019) argumenta que um passageiro da classe econômica que faz a viagem de ida e volta de Estocolmo a Tóquio produz 5,14 toneladas de CO_2. Segundo o Banco Mundial, as emissões médias de um habitante da Índia são de 1,7 tonelada por ano. Em Bangladesh, são de 0,5 tonelada. Infelizmente, hoje não temos motores nem combustível alternativos. No entanto, está prevista a experiência com motores elétricos para os próximos dez anos, bem como a experiência com aeronaves mais leves que voem sem combustível.

15 Aqui o protótipo é a maçã envenenada que a madrasta dá à Branca de Neve no conto dos Irmãos Grimm e na representação visual perfeita de Walt Disney (*Branca de Neve e os Sete Anões*, 1937). A maçã envenenada tem um aspecto ilusório e sedutor mascarando sua essência negativa e os riscos relacionados ao

As mudanças climáticas, especialmente os casos extremos como glaciações e deglaciações, sempre existiram na história da Terra. No entanto, tais mudanças nunca ocorreram tão rapidamente como hoje. O glaciologista Marco Tedesco (2019) descreve que a Groenlândia, a terra do gelo, está ameaçada pela elevação do nível do mar, pela marcha louca dos ursos polares em direção ao interior em busca de alimentos, e pelo fato de que algumas rotas, como a Passagem do Noroeste, antes consideradas impossíveis de percorrer, podem agora ser facilmente navegadas.

Ron Giblett (2019) tem razão ao considerar como "psicogeopatologias" ou "psicopatologias ambientais" males ambientais como a escassez de água, a poluição do ar e a urbanização descontrolada. A atitude responsável é encontrar um novo equilíbrio para redefinir o desenvolvimento ilimitado dos séculos XX e XXI,[16] para evitar o efeito borboleta, isto é, um movimento de moléculas produzido pelo bater das asas de uma borboleta que pode desencadear uma cadeia de outras moléculas em movimento que acabam por levar a um furacão distante. A metáfora do efeito borboleta descreve perfeitamente como, num sistema complexo como o nosso ambiente, variações mínimas podem produzir consequências enormes.

---

seu valor simbólico. A Europa descarta cerca de 3,7 a 51,5 milhões de toneladas de frutas e vegetais a cada ano, considerando-os impróprios para consumo por não atenderem aos padrões estéticos e comerciais das normas europeias, segundo pesquisa de Porter et al. (2018). O cultivo de alimentos descartados gera anualmente uma média de 22 milhões de toneladas de CO_2.

16 Paul Virilio (2005) argumenta que não podemos diferenciar com clareza desastres naturais de desastres industriais ou tecnológicos. Ele postula que, a partir do século XX, estamos na era do "acidente integral", em que um único desastre ou acidente pode afetar potencialmente o mundo inteiro.

2. Nós e o ambiente[1]

A crise ambiental hoje

Em seu romance *Qualcosa, Là Fuori*, Bruno Arpaia (2016) descreve nosso sentimento de surpresa ao nos defrontarmos pela primeira vez com a questão do crime ambiental. Essa emergência perigosa é provocada por mudanças inesperadas cuja responsabilidade é difícil de reconhecer porque seus efeitos deletérios muitas vezes são consequências involuntárias das atividades humanas, do antropocentrismo e, às vezes, até das nossas boas intenções.

Contudo, dada a informação científica que temos hoje à disposição,[2] a avaliação clara e exaustiva dessa situação global deveria nos ter conscientizado bastante sobre os efeitos do Antropoceno.[3]

1 Todos os dados científicos e estimativas que aparecem neste capítulo foram recuperados de https://www.un.org/en/sections/issues-depth/climate-change/.

2 A ficção científica costuma prever temas ecológicos. Por exemplo, James G. Ballard prevê o aquecimento global no seu romance *The Burning World*, publicado em 1964, numa altura em que essas questões não eram consideradas problemáticas. Vale ressaltar que os personagens de Ballard aceitam passivamente seu destino precário, espectadores do desastre, vítimas sem intenção de agir ou capacidade de pensar.

3 O biólogo Eugene F. Stoermer cunhou o termo "Antropoceno" na década de

A ética ecológica postula que há boas razões para ficar alarmado. Não podemos ser ingenuamente otimistas nem irresponsavelmente indiferentes em relação às limitações dos recursos naturais da Terra, embora muitas vezes os consideremos ilimitados.

No seu panfleto *Il Grido*, Antonio Moresco (2018) apresenta uma espécie de noite da humanidade para denunciar que escolhemos um tipo de suicídio em massa, uma extinção, à qual parecemos indiferentes e que reprimimos em nível político, econômico, social, cultural e individual. Moresco nos pede para usar nossa capacidade de inventar, citando a famosa frase de Albert Einstein, segundo a qual "não podemos resolver os nossos problemas com o mesmo pensamento que usamos quando os criamos".[4]

Como alternativa ao antropocentrismo, deveríamos considerar todas as plantas como uma nação possuidora de uma constituição[5] baseada em princípios gerais que regem a comunidade dos seres vivos e coexistem com todas as espécies, não apenas com os humanos. Graças à fotossíntese, as plantas produzem todo o oxigênio livre do nosso planeta e toda a energia química consumida por

---

1980. O Prêmio Nobel Paul Josef Crutzen (2005) reconsiderou o termo para designar a atual era geológica em que a presença e a atividade dos seres humanos determinam as condições de vida por meio de modificações territoriais, estruturais e climáticas globais. O Antropoceno ainda não foi reconhecido como uma era geológica verdadeiramente distinta do Holoceno.

4 Em *The New Quotable Einstein* (Calaprice & Dyson, 2005), a editora Alice Calaprice indica que essa poderia ser uma paráfrase da citação de Einstein: "Um novo tipo de pensamento é essencial para que a humanidade sobreviva e avance para um nível superior". Essa citação pode ser encontrada nos artigos de Michael Amrine "Atomic education urged by Einstein" (1946a) e "The real problem is in the heart of men" (1946b).

5 Em *Flower Power*, Alessandra Viola (2020) propõe a Primeira Declaração Universal dos Direitos das Plantas, semelhante à da Unesco para os Direitos dos Animais. Ela argumenta que as plantas devem ser consideradas como seres vivos com dignidade e autonomia, ou seja, não como objetos a preservar, mas como pessoas jurídicas.

outros seres vivos. Existimos graças às plantas e só podemos continuar a existir com elas (Mancuso, 2019).

Seguindo *Walden; or, Life in the Woods*, de Henry David Thoreau (1854/1995), talvez o primeiro romance ecológico, Richard Powers (2018) descreve em seu *The Overstory* um mundo natural aparentemente frágil, mas que na verdade é forte e duradouro. Ele destaca como as plantas e as florestas são importantes para o equilíbrio do planeta e como os seres humanos são tão narcisicamente egocêntricos que não dão muita importância a elas e aos seus dons. É como se o ser humano se considerasse superior às outras formas de vida e valorizasse apenas o semelhante a ele. Powers argumenta que o principal problema das pessoas é que a vida parece correr ao lado delas. Existe o solo e o ciclo da água. Ingredientes são negociados. O tempo acontece e a atmosfera existe. A natureza alimenta, cura e abriga muito mais tipos de criaturas do que as pessoas sabem contar.

Bruno Latour (2015/2017) é contra a repressão das interdependências e centra-se no conceito de "planeta habitável", segundo o qual cada organismo vivo cria as condições de vida para os outros. Em Gaia nada há de intencional, harmonioso ou providencial: há apenas a interação útil entre as condições de vida dos diversos organismos que a povoam.

Estudos recentes mostram que os genes não se movem apenas no sentido vertical, ou seja, de uma geração para a seguinte, mas também no sentido lateral. Isso significa que eles podem ultrapassar os limites de uma espécie específica e passar de um reino para outro. Esses estudos tentam esclarecer as relações filogenéticas entre todos os seres que vivem na Terra e colocam algumas questões perturbadoras sobre os conceitos de espécie e indivíduo (Quammen, 2018).

Manuela Monti e Carlo Alberto Redi (2019) inventaram o termo "coindivíduo" para indicar que o indivíduo biológico é um conjunto heterogêneo de organismos, uma simbiose de formas em constante metamorfose e relação com seu ambiente.

Com grande honestidade intelectual, Freud enfatiza sua dificuldade em manter uma perspectiva objetiva sobre os acontecimentos que o envolveram intensamente durante a Primeira Guerra Mundial. É assim que ele abre o ensaio "Reflexões para os tempos de guerra e morte" (1915):

> *Na confusão dos tempos de guerra em que fomos apanhados, confiando como precisamos em informações unilaterais, estando demasiado perto das grandes mudanças que já ocorreram ou estão começando, e sem um vislumbre do futuro que está sendo moldado, ficamos perdidos quanto ao significado das impressões que nos pressionam e quanto ao valor dos julgamentos que formamos. Não podemos deixar de sentir que nenhum acontecimento alguma vez destruiu tanto o que há de precioso nos bens comuns da humanidade, confundiu tantas das inteligências mais claras, ou degradou tão completamente o que é mais elevado. A própria ciência perdeu a sua imparcialidade desapaixonada; seus servos profundamente amargurados buscam nela armas para contribuir na luta contra o inimigo. Os antropólogos sentem-se levados a declará-lo inferior e degenerado, os psiquiatras emitem um diagnóstico de sua doença mental ou espiritual. Provavelmente, porém, nossa percepção desses males imediatos é desproporcionalmente forte, e não temos o direito de compará-los com os males de outros tempos que não experimentamos. (p. 275)*

Com a mesma honestidade intelectual de Freud, hoje podemos afirmar que sabemos o suficiente sobre as consequências negativas do atual modelo de desenvolvimento e os resultados da negligência ambiental. Somos induzidos a não reconhecer nossa dependência da biosfera, mas temos muitas formas válidas de conhecer e avaliar nossas ambiguidades emocionais.

Segundo Michel Foucault (1984/1986), remontando ao menos à época da Grécia Antiga tem havido um foco constante e detalhado no problema e na valorização diferencial do ambiente em relação ao corpo. Percebe-se que os elementos ambientais têm efeitos positivos ou negativos para a saúde. Postulamos que uma teia tão complexa de interferências entre nós e o que nos rodeia faz com que uma simples conjuntura, uma determinada situação ou uma mudança mínima na ordem das coisas possa provocar estados mórbidos no corpo.

Já há algum tempo a Organização Mundial da Saúde tem denunciado a clara ligação entre o surgimento de uma grave pandemia, como o surto de covid-19 em 2020, e a relação entre ambiente e saúde em geral e, mais especificamente, o sistema global de produção alimentar, urbanização, agricultura industrial, desmatamento, destruição de hábitats – tudo aquilo que força os animais, em particular os selvagens, a se adaptarem a novas condições e, assim, a tornarem-se mais propensos à propagação de agentes patogênicos. Considerações semelhantes são encontradas em *Spillover*, de David Quammen (2012). Esse livro sobre a evolução das pandemias descreve, além dos fatores mencionados, como as viagens em áreas antes inacessíveis ao homem provocaram a transmissão de certas infecções zoonóticas. O termo *spillover* faz referência a quando um vírus é transmitido do seu hospedeiro não humano (um animal) para o primeiro hospedeiro humano, que depois viaja pelo mundo e infecta outras pessoas, passando de uma zoonose a uma pandemia.

As medidas que o governo chinês adotou para impedir a propagação da covid-19 diminuíram o consumo de carbono. Isso, junto com uma queda significativa no transporte aéreo, reduziu as emissões de CO_2. O mesmo aconteceu em países que registraram uma redução drástica da produção industrial e do tráfego de veículos e aéreo. Embora registrado numa situação de crise, isso demonstra que uma ação em larga escala contra as emissões de CO_2 pode ser muito eficaz. Assim, em certo sentido, a pandemia de covid-19 de 2020 pode ser considerada um teste à nossa capacidade realista de combater a crise climática. Poucos meses, menos de um instante em termos cósmicos, foram suficientes para o ecossistema começar a se recuperar dos danos que os seres humanos lhe infligiram. As águas dos nossos rios e mares tornaram-se mais transparentes; o céu perdeu lentamente a cor cinza a que estamos acostumados e voltou ao azul; alguns animais que nunca imaginaríamos ver em nossas cidades vagavam pelas ruas sem carros. É importante valorizar esses resultados ambientais e criar uma transição ecológica em todos os níveis. A biodiversidade deve ser protegida e as energias renováveis devem ser promovidas em lugar dos combustíveis fósseis. Isso conduzirá a mecanismos de produção menos poluentes e nocivos do que os utilizados no passado.

Amitav Ghosh (2016) define nossa era como a do grande transtorno. Nunca houve uma época em que as forças meteorológicas e geológicas exercessem uma influência tão forte sobre as nossas vidas ou nos pressionassem de modo tão direto e implacável.

Acredito ser crucial e urgente que os vários campos culturais e científicos encontrem um caminho para o diálogo, por vezes polêmico, se quisermos evitar que cada campo se limite a uma especialização autorreferente e obtusa.

Porém, as disciplinas científicas que deveriam lançar luz sobre os acontecimentos sociais caracterizam-se pelo individualismo narcisista e pela fragmentação. Isso se assemelha ao que Ferenczi denominou "confusão de línguas" (Mappa, 2020).

Além disso, defender com intensidade a urgência de encontrar o equilíbrio ambiental não significa aceitar algo semelhante à utopia antiuniversalista do decrescimento proposta por Serge Latouche (2007/2009), cujos germes podem ser encontrados em socialistas utópicos[6] do início do século XX, como Henri de Saint-Simon, William Morris, Charles Fourier e Robert Owen. Um traço comum desses pensadores é o retorno nostálgico e utópico à simplicidade rural e artesanal. Minha proposta neste livro não é apoiar essa perspectiva utópica: ao contrário, pretendo preservar o bem comum e dar valor à beleza em todas as suas formas, por meio da construção de uma mudança ecológica definida. Nesse sentido, a inovação pode ser uma ferramenta para ações responsáveis, uma ferramenta que dá importância à integridade dos ecossistemas sem alterar seu delicado equilíbrio.

Para Luciano Floridi (2020), é necessário um projeto ético humano composto por políticas verdes ambientalistas e azuis digitais. Esse projeto deve apoiar uma política de experiência, e não de consumo e desperdício – ou seja, baseada nas qualidades das relações e dos processos, e não nas coisas materiais e na sua posse.

Nas palavras de Freud (1930), "A beleza não tem utilidade óbvia; nem há qualquer necessidade cultural clara para ela. No entanto, a civilização não poderia viver sem ela" (p. 82).

Além da beleza, devemos valorizar o bem-estar psicofísico e o futuro de nossos filhos e nossos netos. Isso só é possível evitando essas negações, essas fossilizações psíquicas, que estão amplamente presentes em nós e são transmitidas à próxima geração. Não

---

6 Friedrich Engels (1880/1892) definiu o socialismo utópico em termos reducionistas comparado ao socialismo científico.

podemos reproduzir nosso planeta.[7] Os danos que causamos são uma espécie de falência dos nossos descendentes. A transmissão geracional implica um processo de identificação que resume uma história que, em sua maioria, não pertence às gerações futuras. Quando subestimamos o contrato que liga todos ao todo e vice-versa – nós à Terra e a Terra a nós –, necessariamente transmitimos sintomas, mecanismos de defesa, organização nas relações objetais, os significantes, todos os elementos em que as formas e os processos da realidade psíquica de um único sujeito se articulam com as formas e os processos que se constituem nas relações intersubjetivas e, mais em geral, na nossa relação com o nosso meio ambiente (Kaës, 1993).

A palavra "ecologia" definiu originalmente o ramo da biologia que trata das relações entre os organismos vivos e o meio ambiente. Depois, aplicou-se a atividades que afetam o ambiente em termos de sustentabilidade e, posteriormente, a danos ambientais.

A ecologia não deve apenas tratar da defesa dos animais ou dos efeitos do aquecimento global, mas também oferecer um quadro geral para combater problemas como a degradação da terra causada por alguns tipos de cultivo ou pela pecuária industrial. Isso criaria um futuro melhor para o indivíduo, a sociedade e a humanidade (Morin, 2016).

Masud Khan (1983) parte da definição do substantivo *pousio*: "terreno bem arado e limpo, mas deixado sem cultivo durante um

7 A iniciativa Fridays for Future foi organizada por estudantes e, até a pandemia de covid-19, acontecia todas as sextas-feiras em todo o mundo. Liderada pela ativista ambiental adolescente Greta Thunberg, a primeira greve global pelo clima, Global Strike for Future, ocorreu em 15 de março de 2019. Muitos movimentos ambientalistas e cientistas apoiaram a greve, na qual mais de um milhão de pessoas se manifestaram em 125 países. As razões desses protestos estão bem documentadas no livro *No one is too small to make a difference* (Thunberg, 2019).

ano inteiro ou mais". Ele usa a imagem evocativa das áreas de pousio que os agricultores deixam descansar para que permaneçam frutíferas. Na relação analítica, a metáfora do pousio indica um estado transitório de experiência, um modo de ser uma consciência alerta, mas tranquila e receptiva. Ficar em pousio é a prova de que a pessoa pode estar consigo mesma sem qualquer propósito.

O ser humano precisa da Terra e a Terra precisa do ser humano, que deve estar aberto ao intercâmbio com outros elementos dos ecossistemas culturais e biológicos.

Em seus *Prolegômenos a um Terceiro Manifesto do Surrealismo ou não*, André Breton (1942/1969) escreve que o ser humano não é o centro nem o ponto focal do universo. Podemos chegar ao ponto de acreditar que existem acima do ser humano, na escala animal, seres cujo comportamento é tão estranho para ele quanto o seu pode ser para a mosca ou a baleia.

É um recurso cultural para estar aberto à análise das relações com aqueles sujeitos dos quais somos interdependentes, ou seja, aquela mistura da qual se origina toda cultura nas diferentes formas criativas. Se olharmos de forma geral para as redes de naturezas e de cultura que nos permitem habitar as nossas cidades, relacionar-nos com as coisas, iluminar, beber, amar um determinado lugar, de repente nossa interdependência surge e, ao mesmo tempo, podemos conectar os ambientes da nossa vida e dar-lhes novos significados e práticas (Van Aken, 2020).

O Papa Francisco (Bergoglio, 2015) contextualiza o respeito ao meio ambiente em termos éticos e estéticos. Ele sublinha a preeminência do direito da humanidade à beleza, muito distante do pauperismo ideológico e estético encontrado em determinada literatura da Igreja Católica.

Reparando cidades

O Papa Francisco (Bergoglio, 2015) critica o crescimento ilimitado, observando que muitas cidades cresceram de forma desproporcional e pouco saudável, não só por causa da poluição atmosférica, mas também dos transportes inadequados e da poluição visual e sonora. O congestionamento e a falta de espaços verdes afetam não só as cidades antigas, como também as novas. Para o Papa Francisco, as pessoas não podem viver rodeadas de asfalto, vidro e metal, sem contato com a natureza.

Ronald Laing (1967) argumenta que o ambiente que nos rodeia pode oferecer muitos aspectos positivos ou reduzi-los de modo grave – sendo esse o principal significado que os humanos atribuem à arquitetura. O esplendor de Atenas, tal como Péricles a via, e o horror de tantas megalópoles modernas é que a primeira ampliou a consciência humana, enquanto as últimas a obscureceram.

As cidades não crescem de acordo com regras seminaturais. As cidades não são apenas realidades físicas organizadas de acordo com fatores sociais e econômicos: possuem uma dimensão psicológica e antropológica; resultam da mescla de consciente e inconsciente; compartilham muito com os sonhos. Para as nossas cidades serem expressões de nossos *selves*, é essencial a participação e as expectativas de toda a comunidade. Nada mais trágico que o fato de nossos governos terem esquecido isso (Rykwert, 1963, 2000).

Quando viajamos por uma cidade ou passeamos na nossa vizinhança, cada olhar para um objeto atraente pode produzir um momento de *rêverie*. Isso ocorre porque as cidades são processos inconscientes. Da estética aos interesses locais e à economia, infinitas funções se influenciam e contrastam entre si. Nesse sentido, as cidades espelham o aparente caos da nossa mente inconsciente, assemelham-se a uma pessoa comum com os seus interesses biológicos, sexuais, históricos, espirituais, profissionais, familiares e econômicos. Todos esses aspectos estão interligados de uma maneira móvel que dá origem a determinada perspectiva (Bollas, 2000).

Maurizio Corrado (2012) traz uma perspectiva singular para a discussão de que a arquitetura deve estar a serviço dos espaços verdes, e não o contrário. Aqui, o espaço verde é considerado básico, fundamental, não opcional ou redundante. Corrado não defende a mera construção de novos jardins, mas algo radical: uma cidade que inclua uma floresta. Essa floresta não é um lugar perigoso, uma ameaça à segurança da cidade. Ela proporciona algo de fundamental importância para a cidade – uma clareira, um vasto prado rodeado de árvores, uma pradaria urbana repleta de ervas e flores. Isso representa algo mais do que um valor estético: eliminar a fronteira entre áreas naturais e edifícios melhora a qualidade do ar e a capacidade do solo de absorver água.

Em recente entrevista, Stefano Boeri (2019) apresentou o Rio Verde,[8] projeto de reflorestamento que criaria 35 quilômetros de áreas verdes e 1,5 milhão de metros quadrados de novos parques em Milão, por meio da revitalização de estações ferroviárias, vias férreas, parques de estacionamento e pátios escolares abandonados. Esse seria o motor do futuro desenvolvimento urbano e ambiental da cidade. Árvores, florestas urbanas, telhados, fachadas verdes de edifícios e a integração da vegetação na arquitetura de cidades como Milão se conectariam com os Apeninos e os Alpes, criando uma grande infraestrutura verde unificada que ligaria a Península Italiana.

O comportamento das cidades não é tão diferente do dos seres vivos. Assim, é obrigatório apelar mais às plantas do que aos

---

8 O projeto de Stefano Boeri parece aplicar algumas regras do judaísmo, que estabelecem critérios exatos de proteção ambiental (o "Migrash", o cinturão verde ao redor das cidades, o descanso da terra no sábado, o respeito pelas árvores frutíferas também durante a guerra).

animais ao falarmos de cidades. Na verdade, como as plantas, as cidades não se movem, mas crescem. As plantas não são ávidas por recursos como os animais porque são autônomas do ponto de vista energético. Nesse sentido, devemos levar as plantas em consideração para imaginar novas soluções para o crescimento ecológico e energeticamente sustentável das cidades (Mancuso, 2020).

Nos últimos anos temos observado uma tendência à promoção de uma arquitetura sustentável, planejada de acordo com o bem-estar global dos habitantes e do ambiente que os rodeia. Isso também pode ser feito aplicando princípios bioclimáticos à arquitetura passiva, utilizando fontes renováveis locais. Os edifícios e a arquitetura podem reduzir significativamente o consumo de energia.

Para Michelangelo Russo (2016), a arquitetura contemporânea adere a uma ideia ecossistemática, com relações novas e evidentes entre cidade, ambiente e paisagem, em vários contextos. Envolve várias formas inovadoras de ação (por meio de ideias como a reciclagem) e práticas sociais e interativas (cooperação, coabitação, coworking, novas formas de apoiar o pluralismo cultural e étnico).

É um movimento dinâmico em nível físico, emocional e social que valoriza a relação entre a mente humana e a habitação. Pretende construir sua unidade harmonizando duas funções vitais: a defesa da nossa intimidade e nossa necessidade de permanecer em contato com outras pessoas e com o ambiente ao nosso redor.

A reparação contínua e a manutenção ativa das cidades são absolutamente necessárias (Sennett, 2018).

Renzo Piano (2018) propõe construir novas estruturas sobre o que já está construído. Ele chama isso de "reparação dos subúrbios urbanos", para evitar a transformação das áreas urbanas em uma grande terra de ninguém. O termo "reparação" implica intervenções amorosas que melhoram os subúrbios, que ele chama de "áreas fronteiriças" que invocam a imaginação e o desejo. Encontramos aí aquelas vidas na fronteira da vida que, por isso, representam mais a vida do que a própria vida. Os subúrbios são as cidades que construiremos e legaremos, que dizem algo sobre nós.

Em *Site Planning*, Kevin Lynch e Gary Hack (1962) descrevem como recuperar o solo e como reutilizar áreas abandonadas, como estações ferroviárias, pastagens e planícies aluviais. Cerca de três décadas depois, Kevin Lynch (1991) sublinha a importância das áreas urbanas selvagens e dos locais abandonados onde as crianças podem descobrir aventuras e liberdade.

Vito Cappiello (2017) convida os arquitetos paisagistas a ultrapassarem a ideia de embelezamento comum no planejamento paisagístico para explorar a transformação dos chamados "buracos negros" da cidade contemporânea. Devemos modificar nossa perspectiva sobre esses lugares abandonados e rejeitados se quisermos parar de desperdiçar os recursos das nossas paisagens (energéticos, materiais, estéticos etc.).

Duccio Demetrio (2005) pede-nos que prestemos atenção às falsificações e propõe um planejamento urbano autêntico em vez de embelezamentos urbanos pretensamente reparadores, como melhores zonas de pedestres, que não podem melhorar a habitabilidade das áreas urbanas.

Essas áreas urbanas estão no centro do romance *The Cities of the Bald*, de Patrick Ravignant (1960), que descreve o conformismo das "cidades dos carecas", assim definidas porque são feitas de concreto armado e betume e porque suas poucas áreas verdes tentam esconder sua desolação como faz uma peruca feia numa cabeça careca. Propostas de planejamento urbano que parecem promover a ecologia, mas na verdade são insuficientes, precipitadas e promovem a degradação, não são incomuns.[9] Falsas e artificiais, não

9 Sandro Lagomarsini (2017) descreve um equívoco sobre as árvores plantadas em avenidas: elas não são "monumentos em homenagem à natureza". As

consideram o planejamento geral da cidade e evitam ir ao cerne dos problemas, que persistem e aumentam.

O alerta de Demetrio também se aplica a todas as operações propagandísticas que promovem a pretensa reparação, que, em vez de reduzir concretamente o dano ambiental, na verdade o esconde com cosméticos ou até mesmo causa novos danos.

Pensando nas gerações futuras

De acordo com o Talmud (Taanit 23a), Honi HaMe'agel, o lendário desenhista do círculo, estava andando na rua quando viu um homem plantando uma alfarrobeira. Honi perguntou-lhe: "Quanto tempo leva para a alfarroba dar frutos?". O homem respondeu: "Mais ou menos setenta anos". Honi perguntou-lhe ainda: "Tem certeza de que viverá mais setenta anos?". O homem respondeu: "Encontrei alfarrobeiras já cultivadas no mundo. Meus antepassados as plantaram para mim. Assim, eu também planto para meus filhos".

Karl Marx (1867/1990) nos exorta a tratar o solo como propriedade perpétua da coletividade. É um direito inalienável das gerações futuras. Marx apreende a essência da ideia contemporânea de desenvolvimento sustentável, cuja definição mais famosa se encontra na conclusão do Relatório Brundtland (*Nosso Futuro Comum*):[10] "O desenvolvimento sustentável é aquele que atende às necessidades do presente sem comprometer a possibilidade de as gerações futuras atenderem a suas próprias necessidades".

Da mesma forma, Hans Jonas (1979) argumenta que, de acordo com o princípio da responsabilidade, devemos ter uma perspectiva

---

árvores que passam a fazer parte de uma cidade devem ser controladas e mantidas e, quando necessário, cortadas.

10 Recuperado de: https://sustainabledevelopment.un.org/content/documents/5987our-common-future.pdf.

significativa que ultrapasse nossas vidas singulares. Nossos sucessores têm o direito de esperar um mundo ao menos em condições não piores do que o encontramos. O seu imperativo ecológico é atuarmos de maneira que as consequências das nossas ações permitam uma vida humana genuína.

Gunther Anders (1980/2002) nos adverte para o fato de que um tipo de tecnologia descontrolada pode prevalecer sobre o nosso poder de agir, de fazer previsões e de avaliar as consequências.

Da mesma forma, Gustavo Zagrebelsky (2017) se opõe às prevaricações intergeracionais: ele postula que temos o dever de usar moderadamente os recursos e a obrigação de respeitar os direitos das gerações futuras, porque as escolhas dos pais influenciam inevitavelmente a vida dos seus filhos. As gerações futuras não têm obrigações em relação às anteriores, mas as anteriores têm deveres em relação às futuras. Nesse sentido, se falamos do direito à vida da pessoa concebida, referimo-nos aos deveres da gestante. A responsabilidade em relação aos que virão depois de nós não pode ser separada da forma como vivemos nossas vidas. Se violamos a natureza e tornamos a Terra insuportável e infértil, destruímos os seres vivos, reduzimos a humanidade a uma massa passiva, ignorante, manipulada e manipulável, prejudicamos a nós mesmos. Presente e futuro estão inexoravelmente vinculados. A principal tarefa dos seres vivos é preservar as condições de vida biológica e sua liberdade. Isso para nós, e depois para nossos filhos, e também para os filhos dos nossos filhos, e assim por diante, sem fim.

Um grupo de jovens, entre os quais os mais novos tinham apenas 9 anos de idade, entrou com um processo climático constitucional contra o governo dos Estados Unidos,[11] contra as medidas legais que destroem, colocam em perigo e comprometem o clima e

---

11 Detalhes sobre esse processo podem ser encontrados em: https://www.ourchildrenstrust.org/juliana-v-us.

o sistema inalienável que a natureza deu à humanidade. Afirmam que o governo dos EUA não só violou os direitos da geração jovem à vida, à liberdade e à propriedade, como também falhou no seu dever de proteger os recursos públicos básicos.

A administração Trump exigiu o arquivamento do processo, mas o Supremo Tribunal dos Estados Unidos decidiu por unanimidade a favor da legitimidade dos argumentos dos jovens.

Luc Magnenat (2019c) nos convida a transmitir, como *passeurs* (barqueiros que transportam pessoas e mercadorias de uma margem a outra), ideais ecológicos às gerações futuras: existe uma assimetria fundamental entre a natureza, que pode existir sem o ser humano, e o próprio ser humano, que, se continuar a agir de forma tão danosa contra si, impedirá as gerações futuras de se beneficiarem de ecossistemas dos quais se beneficiou, mas os quais também prejudicou.

Esses ideais não são aspectos secundários, nem seu abandono é o preço a se pagar pelo progresso, mas são características fundamentais, partes integrantes e constitutivas do próprio progresso. Devemos explorar novas formas de parceria com a natureza, não mais possuir e conquistar: o progresso deve ser em termos de sustentabilidade, não de destruição.

Hoje, mais do que nunca, não pode haver responsabilidade social sem responsabilidade ambiental (Emery, 2007).

Para proteger os ecossistemas e resolver as consequências dramáticas da degradação ambiental, o Papa Francisco[12] (Bergoglio,

12 O Papa Francisco convocou uma assembleia especial do Sínodo dos Bispos, conhecida como Amazônia: Novos Caminhos para a Igreja e para uma Ecologia Integral, em outubro de 2019. Seu foco foi a região da Pan-Amazônia, uma área que compreende nove países sul-americanos e representa uma das principais reservas de biodiversidade (30% a 50% da flora e da fauna mundiais) e de água doce (cerca de 20% da água doce não congelada) do planeta. Numerosos interesses econômicos de grande escala ameaçam a riqueza da Amazônia, que

2015) defende o desenvolvimento sustentável integral e um modelo cíclico de produção (regeneração, redução drástica de resíduos e poluição, reutilização de materiais). Essas ações devem estar ligadas a uma justiça social capaz de garantir a inclusão e a participação das pessoas e o direito ao destino comum dos bens do solo das gerações atuais, mas também das gerações futuras, desprovidas de negação, indiferença, resignação ou confiança cega nas soluções técnicas. No entanto, ele está otimista quanto à capacidade da humanidade de reconstruir a sua casa comum.

Os líderes do "Sínodo sobre a Amazônia" de outubro de 2019 pediram que Igreja Católica divulgasse um documento formal reconhecendo os pecados contra o meio ambiente, junto com os pecados tradicionalmente reconhecidos.

O físico Fritjof Capra (1982) se opõe à concepção mecanicista cartesiana da física e propõe uma física orgânica, holística e

---

abriga mais de um terço das florestas primárias da Terra. Há abusos desenfreados por parte dos agricultores que cultivam soja e milho, que queimam a floresta, e por garimpeiros e caçadores de diamantes que contaminam os rios com mercúrio. O enorme crescimento da agricultura, do extrativismo e do desmatamento prejudica não só a riqueza ecológica da região, como também sua realidade social e cultural. Isso exige que resistamos à cultura dominante do consumismo. O documento preparatório do Sínodo especifica que existe uma ligação entre a região e outros biomas essenciais: a bacia do Congo, o corredor biológico mesoamericano, as florestas tropicais do Pacífico Asiático, o aquífero Guarani, entre outros. Leonardo Boff (2017) apela à figura de Chico Mendes, morto em 1988, como arquétipo da conservação da floresta amazônica e defensor da sustentabilidade como equilíbrio dinâmico e autorregulado da Terra. Boff reconsidera sua proposta de preservar as florestas por meio da criação de reservas extrativistas de produtos naturais. Aliás, essas reservas parecem render muito mais que o desmatamento. O desmatamento da Amazônia aumentou 88% entre julho de 2018 e julho de 2019 sob o presidente brasileiro Jair Bolsonaro, de acordo com o Instituto Nacional de Pesquisas Espaciais, enquanto 350 milhões de árvores foram plantadas na Etiópia do primeiro-ministro Abiy Ahmed, ganhador do Prêmio Nobel da Paz de 2019.

ecológica. Ele salienta que, na física moderna, a ideia do universo como uma máquina tem sido contestada pela visão dele como indivisível e dinâmico, em que as suas partes estão interligadas e só podem ser entendidas como padrões de um processo cósmico.

Capra e Mancuso (2019) levam em consideração os estudos de botânica de Leonardo da Vinci, que promoveu a ideia de um mundo vivo, interconectado e interdependente, uma rede arraigada de relações e intimidades. Também consideram as observações de Charles Darwin (1859/2019) em *A origem das espécies*, que sustentam a complexidade das ligações ecológicas entre os seres vivos e alertam que as consequências da intervenção nessas relações[13] são imprevisíveis. Capra e Mancuso convidam a humanidade a imitar a extraordinária capacidade das plantas de criar redes e cooperar. Por exemplo, as árvores estão conectadas e interagem com as árvores próximas. Em termos de resiliência e desenvolvimento inovador, segue-se que a ideia de competição entre indivíduos como motor do progresso deve ser substituída pela ideia de cooperação e apoio mútuo, típica da vegetação.

Powers (2018) considera esses tópicos em termos narrativos. Ele argumenta que algo belo está acontecendo no subsolo, algo de que estamos nos conscientizando agora. Tapetes de cabeamento micorrízico conectam árvores em comunidades enormes e inteligentes em centenas de hectares. Todas essas árvores assumem a forma de vastas redes de bens, serviços e informações. Não existem entidades únicas em uma floresta. Nenhum ser pode estar separado dos outros. O pássaro e a árvore em que ele pousa estão conectados.

---

13 Em *A descendência do homem e seleção em relação ao sexo*, Charles Darwin (1871/1981) ressalta a importância da cooperação na evolução das espécies. Ele argumenta que as sociedades que sobrevivem e se desenvolvem são aquelas cujos membros se ajudam mutuamente. Os animais que gostam de estar juntos escapam facilmente do perigo e têm menos chances de morrer do que aqueles que se afligem com os companheiros e vivem sozinhos.

Um terço ou mais dos alimentos que uma árvore gigantesca produz alimenta muitos outros organismos. Até diferentes tipos de árvores estão em parceria. Se você cortar uma bétula, um abeto de Douglas próximo poderá sofrer.

Em *O barão nas árvores*, Calvino (1957/1977) conta as ações transgressoras do Barão Cosimo Piovasco di Rondò. Cosimo, aos 12 anos, após uma briga com o pai, decide viver nas árvores, para nunca mais voltar à terra. Esse romance pode ser considerado o castigo para a nossa incapacidade de valorizar as plantas. Calvino descreve o cenário natural, as oliveiras, os carvalhos, densos e grossos, os pinheiros dando lugar às castanheiras, os bosques que sobem a montanha, árvores a perder de vista. Esse é o universo em que Cosimo e sua família vivem, sem prestar quase atenção a ele.

Chamamos de "bens comuns" os elementos inorgânicos e orgânicos da biosfera sem os quais os humanos não teriam chance de sobreviver: ar, água potável e água do mar, solo fértil, alimentos, flora e fauna (Zagrebelsky, 2017).

Settis (2013), ferrenho opositor da devastação e da destruição da paisagem, argumenta que "bem comum" significa desenvolver uma visão clarividente, investir no futuro, cuidar da comunidade de cidadãos, priorizar os jovens e suas necessidades.

Assim, cuidar do bem comum exige que apoiemos intensamente a ligação primária entre paisagem e ambiente, evitemos a exploração excessiva e desenfreada dos recursos, reconheçamos as necessidades comuns entre nós e outras espécies e formas de vida como animais, plantas e minerais, com quem partilhamos categoricamente os recursos da Terra. Significa recusar a colonização antropocêntrica e aceitar a irredutibilidade do não humano ao humano, da sua autonomia.

Em *Colapso*, Jared Diamond (2005) evita com precisão qualquer apelo ao catastrofismo e argumenta que as civilizações antigas foram capazes de reexaminar a relação com a Terra como um sistema. Elas enfrentaram com sucesso desafios ambientais e sobreviveram a desastres. A civilização contemporânea parece incapaz de fazer o mesmo.

Em *Steps to an Ecology of Mind*, Gregory Bateson (1972) considera a cultura e o progresso em termos profundamente ecológicos. Em estudo encomendado pelo Senado do Havaí, ele salienta que três causas interligadas representam ameaças atuais à sobrevivência da humanidade:

a) o progresso técnico, que não pode ser evitado, mas deve orientar-se na direção certa;
b) o crescimento populacional, porque a primeira condição para a estabilidade ecológica é o equilíbrio entre as taxas de natalidade e mortalidade;
c) erros de pensamentos e atitudes na cultura ocidental, como nossa arrogância e nosso húbris em relação ao ambiente natural.

Reconhecer a ligação inseparável entre nós e o ambiente, que nos fornece bens essenciais como alimentos, água, ar e energia, deveria obrigar-nos a melhorar a habitabilidade global. Em contraposição, a indiferença ou, na pior das hipóteses, a ganância e a onipotência continuam a alterar as condições de vida na Terra (Vassallo Torrigiani, 2014).

Reconhece-se universalmente que o ambiente é modificado pelo efeito estufa e este influencia todos os aspectos da nossa existência, desde o sucesso reprodutivo do menor plâncton na superfície do oceano até a sobrevivência da cultura urbana. Uma das principais características da entropia é sua irreversibilidade, cujo aumento se traduz na diminuição da energia disponível. Isso, por sua vez, cria poluição, uma forma de dissipação de energia que se acumula no ambiente e ameaça o ecossistema e a nossa saúde (Rifkin & Howard, 1980).

Precisamos reconhecer que a cultura da exploração ilimitada dos recursos naturais, algo que o próprio Freud leva em consideração, significa necessariamente uma cultura com enorme crescimento entrópico (Emery, 2007). Encontramo-nos num ponto de virada crítico na história: as velhas ferramentas da civilização são ao mesmo tempo insuficientes e inutilizáveis. A entropia ambiental é tão aguda que exige um novo quadro de recursos energéticos capaz de criar novas tecnologias e novas instituições sociais, econômicas e políticas (Rifkin & Howard, 1980).

A questão crucial em jogo – questão que exige o conhecimento da psicanálise sobre o funcionamento mental coletivo e individual – é: por que a humanidade tem plena consciência de que o seu modo de viver a coloca em perigo, mas parece totalmente incapaz de mudar? Uma pessoa com essa atitude seria considerada louca ou suicida (Magnenat, 2019a).[14]

Um provérbio dinamarquês diz que quando a água chega à boca, é tarde demais para aprender a nadar.

A resposta de Jean-Luc Nancy (2014) é que perdemos a capacidade de aprender com os desastres e ficamos impotentes quando eles ocorrem repetidamente. Prova nesse sentido é o que aconteceu na Austrália em 2019. Apesar de um estudo encomendado pelo governo prever que o aquecimento global em breve causaria incêndios devastadores, chuvas e secas, o governo e a mídia antiambientais espalharam muitas *fake news* atribuindo a responsabilidade a

---

14 Em *The Art of Losing* (Zeniter, 2017), o motorista-guia do personagem principal na Argélia mantém sempre o motor do carro ligado, mesmo quando o carro está parado. Despreocupado com a ecologia, diz que na Argélia a gasolina não custa nada: é o único luxo pelo qual os argelinos podem pagar.

piromaníacos e associações ambientalistas que impedem os bombeiros de derrubarem árvores.

Diamond (2019) analisa crises nacionais importantes para argumentar que, após um processo de dolorosa autoanálise e reflexão sobre o futuro, indivíduos e grupos podem enfrentar crises presentes, como as alterações climáticas. Isso deveria conduzir a um processo de mudança seletiva, porque é impossível mudar de modo radical e total a identidade passada. Diamond propõe avaliar seletivamente quais partes da nossa individualidade estão funcionando bem e não devem ser modificadas e quais partes exigem mudança para descobrir novas soluções de acordo com as capacidades de cada pessoa.

Jonathan Franzen (2019/2021) assume uma posição radicalmente pessimista: defende que podemos resolver o dilema entre tentar impedir a inevitável catástrofe climática e preparar-nos para nos defender dos seus efeitos negativos renunciando à inversão dos efeitos do aquecimento global. Devemos nos concentrar em objetivos de curto prazo mais facilmente alcançáveis por meio de ações coletivas imediatamente viáveis. Essas ações podem permitir que tenhamos menos um furacão e mais alguns anos de estabilidade.

A única resposta passível de contrariar a impotência, a inércia e a apatia que o desastre ambiental atual provoca em todos nós é tentar encontrar e experimentar possíveis remédios comuns. Isso exige que concebamos a humanidade simultaneamente como coletivo e como indivíduos singulares.

Ferruta (2020) realça o prazer da responsabilidade pessoal e da condição de cuidarmos de nós e de quem depende de nós como antídoto contra o medo e a indiferença. O prazer e a capacidade de vivenciar emocionalmente a confiança em nossos cuidadores nos permite descobrir energias desconhecidas que podem ser usadas para o nosso bem e para o bem dos outros.

No Purgatório (XXII, 67-69), Dante Alighieri (1314/2013) compara Virgílio a um homem altruísta que segura sua lâmpada atrás de si e lança luz para tornar os outros sábios, e não a si mesmo. Deveríamos fazer o mesmo, como quem ilumina aqueles que andam atrás dele durante a noite. Isso vale igualmente para quem não trabalha apenas para si, mas ajuda seus seguidores a aprenderem e se tornarem especialistas.

3. Freud e o meio ambiente

Antes de "O mal-estar na civilização"

Antes de definir suas ideias sobre a controversa relação entre o ser humano e o meio ambiente em "O mal-estar na civilização", Freud (1930) faz algumas anotações extemporâneas sobre a vida na cidade. Ele descreve que a cidade é cheia de conflitos, contradições e contrastes. As considerações de Freud aparentemente são paralelas às de Georg Simmel (1903/1971) em "A metrópole e a vida mental", em que ele argumenta que, tal como os humanos não se definem apenas pelos limites do seu corpo ou do espaço que ocupam durante uma atividade, mas também pelos efeitos que determinam no tempo-espaço, uma cidade pode ser definida pelos efeitos que ultrapassam sua proximidade.

As primeiras notas de Freud antecipam claramente suas reflexões mais articuladas sobre o desconforto da vida urbana e, de forma mais geral, da civilização moderna e sobre a necessidade de encontrar um contato mais harmonioso com a natureza.

Em *A vida e a obra de Sigmund Freud*, Ernest Jones (1953) cita o que Freud diz a respeito de viajar pela América: "A América é um erro; um erro gigantesco, é verdade, mas mesmo assim um erro" (p.

66). Após visitar Coney Island, Freud a denomina "um Prater visto através de uma lupa", mas, ao ver as Cataratas do Niágara, considera-as "ainda mais grandiosas e maiores do que ele esperava" (p. 4).

É evidente que, durante a sua visita a Nova York, Freud não está fascinado pela metrópole do "progresso" e da "liberdade", pela cidade-selva, pela cidade como espetáculo (Ricci, 1995). No entanto, como indicação da complexidade das suas opiniões, Freud está fascinado, até um pouco intimidado, pela impetuosidade das cataratas, pela selvageria da natureza americana, coisas que influenciarão suas ideias futuras sobre a relação entre o ser humano e a natureza.

Num cartão-postal enviado à sua esposa Martha de Gênova, em 13 de setembro de 1905, Freud (1905/2002) destaca a ausência de espaços verdes na cidade e traça algumas semelhanças com o urbanismo vienense: "É tudo feito de pedras, só há ruas como a Herrengasse e praças com edifícios, depois o porto, algumas fortificações, o mar, o cemitério. Tudo é extremamente elegante, impressionante, sólido, quase desafiador".

As opiniões de Freud sobre Gênova e Viena mostram a oposição sem qualquer contradição aparente entre sua admiração pela beleza e pela elegância arquitetônicas e sua aversão pela falta de espaços verdes nas cidades (Schinaia, 2018c).

A tendência em relação à colossal e também exuberante natureza selvagem nos Estados Unidos e a observação da falta de espaços verdes em cidades arquitetonicamente elegantes como Viena e Gênova mostram a grande sensibilidade de Freud para o planejamento urbano, sensibilidade não unidirecional e sem preconceitos, antecipando parcialmente o conteúdo de "O mal-estar na civilização" (1930).

Em diversas cartas à sua esposa, de diversas localidades alpinas, Freud descreve, a partir de uma perspectiva privilegiada, sua relação com uma paisagem pura, idílica e autenticamente natural.

Não deixa de celebrar a beleza das montanhas do Tirol do Sul, de Valtellina e Engadina ou de expressar a sua admiração pelas paisagens majestosas e pelas emoções provocadas pela contemplação desses imensos panoramas.

Em carta de 13 de agosto de 1898 à sua esposa (1898/2003), Freud expressa sua admiração pelas incomparáveis geleiras, lagos, montanhas e céu durante a viagem de Pontresina a Maloja. Em carta de 14 de setembro de 1900 a Wilhelm Fliess (1900/1986), ele descreve uma belíssima floresta de coníferas e uma solidão inesperada perto de Lavarone, região de altitude perto de Valsugana alcançada por meio de caminhada por uma estrada montanhosa de beleza deslumbrante. Freud ficou tão impressionado com a beleza de Lavarone que a escolheu três vezes para suas férias: em 1906, 1907 e 1923, permanecendo meses no quarto 15 do primeiro andar do Hotel du Lac.

O dia típico de Freud em Lavarone começava com uma caminhada de três ou quatro horas na floresta que ele descrevia como esplêndida, na qual exercitava a paciência necessária para observar e explorar os fatos da natureza. Freud vestia o tradicional traje tirolês: calça curta com suspensórios vistosos e chapéu verde com um tufo de pelos de camurça, bengala com ponta de ferro e, em caso de chuva, capa alpina de pele. Em suas explorações ele procurava cogumelos, mirtilos e morangos, e descobriu e identificou flores silvestres raras.

Numa fotografia de 1913 com sua filha Anna, no Tirol do Sul, Freud parece estar relaxado como um turista. Sua aparência é bem diferente da imagem romântica que vemos na pintura de Caspar David Friedrich, *Caminhante sobre o mar de névoa* (1818). O caminhante dessa pintura é retratado de costas, vestindo um sobretudo urbano escuro. Com cabelos desgrenhados pelo vento, parece surpreso e taciturno observando o espetáculo fascinante e sublime da natureza.

Figura 1 – Sigmund Freud com sua filha Anna no Tirol do Sul.
Fonte: Wikimedia Commons.

Figura 2 – *Caminhante sobre o mar de névoa* (1818), Caspar David Friedrich.
Fonte: Wikimedia Commons.

Em outra carta, endereçada a seu irmão Alexander e datada de 17 de setembro de 1909, em papel timbrado do Grand Hotel Savoia, Freud (1905/1992) nos informa de sua estada em Rapallo. Ele descreve uma nova forma de se relacionar com o meio ambiente. Freud provavelmente estava na Ligúria para relaxar em férias agradáveis, para nadar no mar, em vez de admirar os palácios barrocos de Gênova. Eis algumas passagens que nos permitem compreender o amor de Freud pela natureza:

> *Não se encontra tempo para nada; o sol celestial e o mar divino – Apolo e Poseidon – são inimigos de toda atividade mental. Percebo que a única coisa que até agora nos manteve em movimento foi o sentimento remanescente de obrigação de identificar – Baedeker na mão – novas regiões, museus, palácios, ruínas; como essa obrigação não existe aqui, estou simplesmente me afogando em vida fácil.*
>
> *Agora, o mar. A praia é de lama fina onde se pode caminhar um quarto de hora, com a cabeça acima da água, e um pouco mais adiante há pedras maravilhosas (como as que vimos em Capri) com piscinas onde é possível sentar-se, tapetes inclinados de rochas sobre as quais se rola como um monstro num dos quadros de Böcklin, completamente sozinho, perdendo a noção do tempo. Como estou sozinho, não vou pescar a sério. Mas no primeiro dia consegui fazer cócegas num polvo, que se recusava a sair da água, depois fui picado por ouriços-do-mar, queimado por águas-vivas, tentei em vão desprender algumas anêmonas-do-mar e apanhar alguns daqueles caranguejos astutos cujas patas aqui também são arrancadas pelos ouriços italianos da praia. A manhã é ocupada com banhos, o que me*

> *agrada tanto que no próximo ano farei seriamente de Viareggio (que dessa vez não consigo ver) meu único objetivo. É impossível falar da terra a menos que se seja poeta ou cite outros. Tudo cresce aqui como em Sorrento, exceto que há um excesso regular de palmeiras, e podemos muito bem nos perguntar sobre a "retribuição" misericordiosa. (pp. 248-249)*

Em Rapallo, estamos no jardim de Freud, um lugar onde a inatividade (*otium*) é uma forma de atividade intelectual leve, de trabalho alegre e, portanto, sem esforço, um jogo de brincar fantasticamente com imagens e sensações (Ricci, 1995).

As férias nos primeiros anos do século XX começam a se tornar uma integração e um enriquecimento do Grand Tour cultural, mesmo entre intelectuais, que passam a conceber a natureza sem qualquer idealização. Freud não pode ser considerado o novo Goethe. Ele não viaja para a "terra dos limões" e não sente nenhum *Sehnsucht* (luto) romântico. Mesmo que seu coração aponte para o sul, ele não procura um arquétipo mediterrânico contrastante e complementar ao germânico. O interesse de Freud pelo sul da Itália certamente vem de seu desejo de conhecer e aprender, mas é também uma necessidade de férias da classe média, uma fuga do estresse urbano e a busca de algum alívio na bela estância de verão (*Sommerfrische*) (Gnoli & Volpi, 2003).

Em Freud temos a cidade, a cultura e a vontade de conhecer, além de fazer trilhas nas montanhas, tomar banho de mar e apreciar a beleza das cidades dos lagos de Garda, Como e Maggiore, lugares distantes de Viena, onde ele encontra descanso temporário.

"O mal-estar na civilização"

"O mal-estar na civilização" (1930) é considerado um ponto de partida para muitas análises psicossociais contemporâneas. Nele Freud argumenta que é necessário manter as limitações individuais na construção da civilização. Assim, parece lançar as bases de uma ética de colaboração e solidariedade em que todos devem renunciar a algo pelo bem comum.

Freud escreve: "A essência disso reside no fato de que os membros da comunidade se restringiram em suas possibilidades de satisfação, enquanto o indivíduo não conhecia tais restrições" (p. 95).[1] Também argumenta que "a civilização . . . obtém domínio sobre o perigoso desejo de agressão do indivíduo, enfraquecendo-o e desarmando-o e estabelecendo uma agência dentro dele para vigiá-lo, como uma guarnição em uma cidade conquistada" (pp. 78-79).

Ele acrescenta:

> *A questão decisiva para a espécie humana parece-me ser se e em que medida o seu desenvolvimento cultural conseguirá dominar a perturbação da sua vida comunitária causada pelo instinto humano de agressão*

---

1 A teoria da renúncia pulsional opõe-se ao que Karl Marx defendeu em seu livro de 1844, ou seja, que a sociabilidade dos trabalhadores não pode ser instrumental para atingir um objetivo político. Ao contrário, é uma necessidade imediata e "espontânea". Segundo Marx, para os trabalhadores, comer, fumar e beber em conjunto é o objetivo em si: é a condição necessária, e não o meio, de qualquer projeto político. Louis Althusser (1970/1998) repensa as intuições marxistas e sustenta que o ser humano tem certa experiência de domínio de si mesmo. Ao referir-se à relação entre o inconsciente e a ideologia, descreve uma experiência de subordinação das pulsões sociais aos desejos racionais e egoístas do indivíduo. Então, Ágnes Heller (1974/1976) sustenta que, antes das necessidades materiais, existem necessidades radicais (que ela identifica com as pulsões sociais) dentro do ser humano.

> *e autodestruição. . . . Os homens conseguiram controle sobre as forças da natureza a tal ponto que, com a sua ajuda, não teriam dificuldade de se exterminar entre si até o último homem. . . . E agora é de se esperar que o outro dos dois "poderes celestiais", o eterno Eros, se esforce para se afirmar na luta contra o seu adversário igualmente imortal. (p. 146)*

Freud, como outros pensadores como Thomas Hobbes e Konrad Lorenz, considera o homem um ser fundamentalmente antissocial que só pode ser domesticado pela influência positiva da sociedade.

A renúncia ao instinto está no centro da reflexão de Freud sobre as relações humanas na construção da civilização moderna. Contudo, ele não parece tão forte na definição da relação do homem com o meio ambiente. Freud argumenta que o homem deve proteger-se da natureza por meio do seu domínio técnico.

Ele escreve:

> *Reconhecemos, então, que os países atingiram um elevado nível de civilização se descobrirmos que neles tudo o que pode ajudar na exploração da terra pelo homem e na sua proteção contra as forças da natureza – tudo, em suma, que lhe é útil – é cuidadosa e eficazmente executado. Nesses países, os rios que ameaçam inundar a terra têm o seu fluxo regulado e a sua água é dirigida através de canais para locais em que há escassez dela. O solo é cuidadosamente cultivado e plantado com vegetação adequada a ele; e a riqueza mineral subterrânea é diligentemente trazida à superfície e transformada em instrumentos e utensílios necessários. (p. 92)*

Para Freud, a natureza tem uma força dominadora, é violentamente desorganizada e não depende de forma alguma da vontade e das intenções humanas. Para ele, essa é uma das principais fontes de sofrimento humano, da qual o homem, intimidado na sua inevitável precariedade, precisará sempre se proteger. Existem algumas semelhanças claras com o que Leopardi (1824/1983) defende no seu "Diálogo entre a natureza e um islandês": uma madrasta cruel e indiferente que nunca poderá ser domesticada e amigável.

Em *O futuro de uma ilusão*, Freud (1927) escreve com pessimismo:

> *Ela [a natureza] nos destrói de forma fria, cruel, implacável, assim nos parece, e possivelmente por meio das coisas em si que nos causaram satisfação. Foi exatamente por causa desses perigos com os quais a natureza nos ameaça que nos unimos e criamos a civilização . . . Pois a principal tarefa da civilização, sua verdadeira razão de ser, é nos defender da natureza. (p. 15)*

Freud define que nossa relação com a natureza é assimétrica e baseada em nossas tentativas de manter a autonomia e o controle ilusórios sobre o caos. Ao fazê-lo, ele antecipa a tendência da civilização ocidental de considerar o ambiente natural de forma conflituosa e defensiva, isto é, em termos de oposição binária. Ele se refere a dois paradigmas, um referente ao domínio do homem sobre a natureza e outro referente à defesa do homem contra a natureza hostil. Ambos os paradigmas estão presentes ao longo da história e influenciaram profundamente a relação do homem com a natureza.

As construções defensivas da civilização patriarcal dão a essa humanidade infantil sentimentos de domínio que são apenas perigosas ilusões de controle (Dodds, 2011).

Freud (1927) continua:

> *Mas ninguém tem a ilusão de que a natureza já foi vencida; e poucos ousam esperar que ela algum dia fique inteiramente submetida ao homem. Existem os elementos que parecem zombar de todo controle humano: a terra, que treme e se despedaça e soterra toda a vida humana e suas obras; a água, que inunda e afoga tudo num tumulto . . . Com essas forças a natureza se ergue contra nós, majestosa, cruel e inexorável; ela traz à nossa mente mais uma vez nossa fraqueza e nosso desamparo, dos quais pensávamos escapar por meio do trabalho da civilização. (pp. 15-16)*

O antropocentrismo freudiano se encaixa perfeitamente na tradição judaico-cristã e, especificamente, na relação do homem com a natureza tal como é transmitida pela Bíblia. Em seus comentários da Bíblia, Niccolò Scaffai (2017) destaca que no Gênesis Deus dá ao homem o domínio sobre todas as coisas e o coloca no centro de uma natureza boa e fecunda: "(1:27) E criou Deus o homem à sua imagem; à imagem de Deus o criou; homem e mulher os criou. (1:28) E Deus os abençoou, e Deus lhes disse: Frutificai e multiplicai-vos, e enchei a terra, e sujeitai-a; e dominai sobre os peixes do mar e sobre as aves dos céus, e sobre todo o animal que se move sobre a terra". Ao dar nomes ao que vê, Adão tem o privilégio de ordenar a natureza que Deus criou. Cada ser vivo, com exceção da árvore do conhecimento do bem e do mal, é determinado em sua especificidade e sua função pelo homem e para o homem.

O banimento do Jardim do Éden inverte radicalmente o ambiente natural, que passa de positivo e vantajoso a hostil e impermeável. Adão e Eva devem agora defender-se dos animais e proteger-se do frio. Scaffai ressalta que o que era oferecido sem esforço deve ser obtido por meio do trabalho. Depois de ter perdido a inocência original, o homem adquire uma nova habilidade: a capacidade de modificar o ambiente de acordo com as suas necessidades pela agricultura.[2]

A encíclica *Laudato Si'* (Bergoglio, 2015) propõe uma interpretação menos potente da Bíblia: o domínio sobre a Terra (Gênesis 1:28) é um convite para cultivar e cuidar do Jardim do Éden (Gênesis 2:15). "Isso implica uma relação de responsabilidade mútua entre os seres humanos e a natureza" (p. 67).

Embora eu aceite as especificações da encíclica e a referência do teólogo Enzo Bianchi (2015) às partes da Bíblia que convidam à harmonia da humanidade com a Terra, concordo com a analista junguiana Mary-Jayne Rust (2008) que devemos partir tanto da interpretação do mito do progresso proposta por Freud quanto da interpretação do mito da queda proposta pela Bíblia, ou seja, a de que a natureza baniu o homem por ter comido o fruto da árvore do conhecimento. Nesse exato momento da história da humanidade, precisamos urgentemente de um mito que nos permita viver em harmonia com a natureza, e não contra ela, para proporcionar uma vida benéfica para toda a comunidade da Terra.

Na proposta científico-cultural de Freud, a humanidade é retratada como uma criança fraca e vulnerável, indefesa e assustada por uma mãe natureza terrível, poderosa e incontrolável, que Heráclito concebe como o pano de fundo imutável que nenhum deus ou homem criou. Nesses termos, a civilização serve para nos defender da sua fúria, tanto em termos físicos como psicológicos.

Vale a pena notar que a teorização de Freud não é linear e às vezes parece contraditória. Na verdade, embora em algumas partes

2 Alguns autores ligam a tradição judaico-cristã a questões ecológicas, por exemplo, Jay W. Forrester (1971), defendendo que o cristianismo é a religião do crescimento econômico exponencial, e Carl Amery (1972), defendendo que a máxima de Gênesis 1:28 ["dominai sobre os peixes do mar e sobre as aves dos céus, e sobre todo o animal que se move sobre a terra"] justificaria a dinâmica irrefreável do produtivismo.

ele conceba o homem como extensão de Deus, em outras quer abrandar a necessidade do homem de ter domínio absoluto sobre a natureza: "o homem atual não se sente feliz em seu caráter divino" (Freud, 1930, p. 92).

Por exemplo, Freud suaviza a apoteose do desenvolvimento técnico com a necessidade de limitar o prazer pessoal, como aconteceu com o homem pré-histórico quando renunciou ao desejo infantil de apagar o fogo com sua urina: "Ao amortecer o fogo de sua própria excitação sexual, ele [o homem pré-histórico] domou a força natural do fogo. Essa grande conquista cultural foi, portanto, a recompensa por sua renúncia ao instinto" (Freud, 1930, p. 90).

Freud está plenamente consciente de que essa é uma conjectura, e não um fato histórico demonstrado. No entanto, ele usa tal conjectura para dar força imaginativa aos seus pensamentos. Além disso, é capaz de relativizar a glorificação do desenvolvimento técnico, alertando contra seu uso para fins utilitários:

> *saudamos . . . ademais como sinal de civilização se observamos pessoas dirigindo seus cuidados também para o que não tem qualquer valor prático, para o que é inútil – se, por exemplo, os espaços verdes necessários numa cidade como os parques infantis e reservatórios de ar fresco também têm canteiros de flores, ou se as janelas das casas são decoradas com vasos de flores. . . . Exigimos que o homem civilizado reverencie a beleza*[3] *onde quer que a veja na natureza e que a crie nos*

3 Chianese (2015) nos relembra a fascinante história de Darwin sobre o pássaro jardineiro que constrói o ninho decorando-o com pedaços de cortiça, insetos camuflados e brotos de orquídea para cortejar as fêmeas. Em seguida, convida a fêmea, que, caso não goste da arquitetura do ninho, pode ter a liberdade de deixá-lo. Nesse sentido, reconhecemos um senso de beleza quase humano na fêmea do pássaro jardineiro.

> *objetos de sua obra, tanto quanto for capaz. . . . Esperamos também ver os sinais de limpeza e ordem. . . . Sujeira de qualquer tipo nos parece incompatível com a civilização. . . . A beleza, a limpeza e a ordem ocupam obviamente uma posição especial entre as exigências da civilização. . . . Que a civilização não se preocupe exclusivamente com o que é útil já fica demonstrado no exemplo da beleza, que nos recusamos a omitir entre os interesses da civilização. (Freud, 1930, pp. 92-94)*

A admiração de Freud (1916) pela beleza encontra-se também no início de "Sobre a transitoriedade", em que ele descreve com lirismo um passeio com um amigo e um famoso jovem poeta

> *por um campo luminoso . . . No que diz respeito à beleza da natureza, cada vez que é destruída pelo inverno, ela volta no ano seguinte, de modo que, em relação à duração da nossa vida, ela pode de fato ser considerada eterna. . . . Uma flor que desabrocha apenas durante uma única noite não nos parece por isso menos encantadora. (pp. 305-306)*[4]

Apesar de ter escrito essas notas em contexto histórico e ecológico radicalmente diferente do atual, Freud articula um aspecto fundamental da experiência relacionada com as mudanças industriais do século XIX e com suas consequências e seus medos: o luto antecipatório e o risco da retirada de afeto dos objetos sentidos

4 Bion (1973-1974/1990) concentra-se na emoção que a parte primitiva da mente sente diante da realidade fundamental. Ele também ressalta o risco de intelectualização apática proveniente do reducionismo do cientificismo: "Gostaria de poder ficar inspirado por uma visão como a aurora boreal. Não pensaria que tivesse progredido se dissesse: 'Bem, isto é simplesmente uma exposição elétrica; é um fenômeno elétrico'. Pode ser inteligente, mas não é sábio" (p. 100).

como danificados ou danificáveis, ou seja, a condição mental que pode se expressar na apatia. "Sobre a transitoriedade" sugere que o ambiente e os objetos com investimento afetivo podem ser vivenciados em uma atmosfera peculiar de perda e medo do fim. O poeta é apenas uma testemunha passiva de uma possível destruição futura e certamente vivencia o luto. Mas ele não elabora o luto, usando uma defesa narcísica para evitar a verdadeira e dolorosa elaboração do luto ao antecipá-lo. Nesse sentido, a beleza se perde de maneira antecipada. Freud não aceita isso de forma alguma e se propõe a reparar e recriar o mundo interno e externo. Ele conclui seu ensaio com estas palavras:

> *Quando o luto terminar, descobrir-se-á que nossa elevada opinião sobre as riquezas da civilização nada perdeu com a descoberta de sua fragilidade. Construiremos novamente tudo o que a guerra destruiu, e talvez em terreno mais firme e mais duradouro do que antes. (p. 307)*

Renee Lertzman (2013) argumenta que a posição do poeta é a condição que conhecemos e classificamos como apatia ou complacência. Embora seja impossível saber exatamente o que se passa nas pessoas que se retiram do mundo por diversas razões, se quisermos tentar compreender o que se manifesta como apatia ou falta de compromisso, podemos permanecer abertos à possibilidade de uma forma de rebelião mental tal como a que Freud descreve.

Apesar de a teorização de Freud sobre esse tema ser repleta de contradições e distinções e, por isso, aberta a revisões e mudanças, mesmo quando usa tons entusiásticos ou poéticos, ele sempre descreve uma natureza que precisamos dominar. Isso também pode ser percebido no papel que ele atribui à pulsão de morte. Em "Além do princípio do prazer", Freud (1920) descreve a pulsão de morte como uma atração silenciosa, uma tendência a um estado mental caracterizado pela ausência de qualquer tensão, um estado mental de indiferença e inatividade. Em virtude de sua capacidade de tender a estados mentais anteriores e de aliviar a tensão da mente, a satisfação narcísica e o masoquismo original são expressões da pulsão agressiva e autodestrutiva do homem.

> *Mas mesmo quando surge sem qualquer propósito sexual, na mais cega fúria de destrutividade, não podemos deixar de reconhecer que a satisfação do instinto é acompanhada por um nível extraordinariamente elevado de prazer narcísico, pelo fato de apresentar ao ego uma realização dos antigos desejos de onipotência dele. O instinto de destruição, moderado e domesticado, e, por assim dizer, inibido em seu objetivo, quando direcionado aos objetos, deve proporcionar ao ego a satisfação de suas necessidades vitais e o controle sobre a natureza. (Freud, 1930, p. 121)*

Conhecer o bem não determina automaticamente a possibilidade de o bem ser implementado.

Em resumo, Freud tenta defender ao mesmo tempo duas posições aparentemente inconciliáveis: amor e respeito pela natureza, por um lado, e domínio sobre a natureza, por outro.

No pensamento de Freud, a boa relação com a natureza parece ser a outra face do progresso técnico, sua conclusão. É uma relação conflituosa, sem integração total de polaridades e contradições: dor e felicidade, diversão e seriedade, necessidade individual e necessidade social.

Herbert Marcuse (1955) defende, não por acaso, que o conceito de homem surgido a partir da teoria freudiana é a acusação mais incontestável da civilização ocidental e, ao mesmo tempo, sua defesa mais firme.

Porém, já no ensaio "O estranho", Freud (1919) propõe a dissolução de toda forma de imaginação "simples", de um ponto de vista dicotômico confortável. Para ele, não é possível caracterizar com clareza o que é bom e o que é mau, o que é familiar e o que não é.

Ghosh (2016) reconsidera e atualiza algumas reflexões de Freud. Ele salienta que existe um elemento adicional de desorientação nos acontecimentos causados pelas alterações climáticas. Embora sejam radicalmente não humanos, os acontecimentos climáticos bizarros de hoje são certamente a soma de uma série de ações humanas. Assim, os acontecimentos provocados pelo aquecimento global têm uma ligação mais estreita com o homem do que os fenômenos climáticos do passado.

Em "O mal-estar na civilização", Freud (1930) critica de maneira intensa os socialistas utópicos, que propõem nostalgicamente: "que seríamos muito mais felizes se desistíssemos dela [da civilização] e voltássemos às condições primitivas" (p. 86). Aqui surge também um ponto de vista diferente do de Jung, que argumenta que a perda do sentimento de uma ligação profunda com o mundo material depende principalmente da revolução científica europeia do século XVII.

Jung (1961a) escreve:

> *Corremos impetuosamente para a novidade, movidos pela sensação cada vez maior de insuficiência, insatisfação e inquietação. Já não vivemos do que temos, mas de promessas, não mais na luz do presente, mas nas trevas do futuro que, esperamos, finalmente trará o nascer do sol adequado. . . . As reformas por progressos, isto é, por novos métodos ou dispositivos, são naturalmente*

> *impressionantes no início, mas no longo prazo são duvidosas e, de qualquer maneira, muito caras. De modo algum aumentam a satisfação ou a felicidade das pessoas em geral. São principalmente adoçantes enganosos da existência, como uma comunicação mais rápida que acelera de modo desagradável o ritmo da vida e nos deixa com menos tempo do que nunca. (p. 236)*

Jung (1961a) conta-nos que, de 1923 a 1956 (um ano após a morte de sua esposa), construiu a famosa Torre de Bollingen perto do lago Zurique. Aqui, Jung, com quase 50 anos, não se contentou em dar testemunho da experiência psicanalítica apenas por meio de palavras escritas e faladas, por isso embarcou no projeto de uma casa para as férias de verão. No início era apenas um edifício circular, uma única torre, mas depois foram acrescentadas três novas seções e o edifício foi ampliado. Para Jung, essa ampliação indicava o seu crescimento psíquico. Aos 80 anos, Jung quis acrescentar um novo andar à Torre de Bollingen, um local sem luz nem água canalizada e com fogão a lenha, que se tornou um local de meditação, retiro espiritual e testemunho vivo da ligação com a natureza.

Apesar das evidentes contradições no pensamento de Freud, suas ideias e suas notas são importantes para uma reflexão moderna sobre a questão da responsabilidade ambiental. Nicola Emery (2011) comenta positivamente algumas contribuições de Freud: as ideias de sublimação, prudência, partilha, respeito, cuidado, gestão e responsabilidade. São as virtudes por meio das quais o pensamento ocidental tentou fazer algo com o uso da tecnologia. Todas essas virtudes expressam em diferentes níveis a necessidade de uma renúncia ao instinto para dirigir a tecnologia de forma sustentável.

Uma preocupação semelhante à que levou Freud a teorizar a renúncia pulsional como elemento fundador da construção da civilização encontra-se no pensamento filosófico de Max Weber.

Em “Política como vocação”, palestra que proferiu em Munique em 1919, um ano antes de sua morte, Weber (1919/2015) parece desencantado com a relação entre a “ética da convicção moral” (ou “ética dos princípios”) (*Gesinnungsethik*) e a “ética da responsabilidade” (*Verantwortungsethik*). A primeira é a ética absoluta das pessoas que agem seguindo apenas os princípios que consideram corretos em si, independentemente das consequências. A última é a ética da responsabilidade e refere-se às consequências presumidas das escolhas e dos comportamentos de um indivíduo e da sua comunidade. A ética da convicção moral exige esforço e serviço ao empreendimento como constituição estática e beleza ou proporção de determinada forma, mas não pode ser separada da ética da responsabilidade, que exige atenção ao significado social de um empreendimento, à gestão equilibrada do espaço e à sua sustentabilidade ambiental. É necessário, por exemplo, estudar o impacto ambiental de obras arquitetônicas e de tecnologias de construção ou reforma que reduzam a poluição e o consumo de energia.

Freud foi um homem de seu tempo. Ele não conseguiria levar em consideração a ligação paradoxal e grave entre a sujeição da natureza e a tecnologia e a poluição, ou seja, a produção universal de todo tipo de lixo e sujeira como ocorre nos dias de hoje (Emery, 2011). Evidentemente ele viveu numa época em que se exaltava o crescimento otimista do progresso técnico, de modo que não pôde nos alertar sobre o excesso de tecnologia que pode destruir a natureza. Apesar disso, no início de *O futuro de uma ilusão*, Freud (1927) intui: “As criações humanas são facilmente destruídas, e a ciência e a tecnologia que as criaram também podem ser usadas para sua aniquilação” (p. 6).

Ele também ressalta que:

> *Podemos insistir quantas vezes quisermos que o intelecto do homem é impotente em comparação com a sua*

vida instintiva, e podemos estar certos nisso. No entanto, há algo de peculiar nessa fraqueza. A voz do intelecto é suave, mas não descansa até ser ouvida. Finalmente, depois de uma sucessão incontável de rejeições, ela consegue. Esse é um dos poucos pontos em que é possível ser otimista quanto ao futuro da humanidade. (p. 53)

4. A psicanálise e a crise ambiental

Os escritos de Harold F. Searles

Embora os primeiros psicanalistas — por exemplo, Georg Groddeck[1] e Sándor Ferenczi[2] — ofereçam reflexões convincentes sobre a relação entre a natureza e a humanidade, é na década de 1960 que uma análise mais precisa dela se enraíza.

Nos anos da ameaça atômica e do medo da destruição do planeta, Harold F. Searles (1960) dá sentido ao ambiente "não humano" e ao hábitat cotidiano. Ele amplia as intuições de Winnicott sobre a fusão mãe-filho (o ambiente humano) e a configuração ambiente-indivíduo. Searles refere-se à famosa máxima de Winnicott (1960): "Um bebê não existe, o que significa, claro, que sempre

---

1 Em seu *O livro disso*, Groddeck (1923/1928) argumenta que a linguagem do isso (termo que ele usa para designar o inconsciente) é a linguagem do mundo. Assim, opõe-se à diferenciação entre orgânico e psíquico.

2 Freud (1933) avalia *Thalassa: ensaio sobre a teoria da genitalidade*, de Ferenczi (1924/2018): "Esse pequeno livro é um estudo biológico e não psicanalítico; é uma aplicação das atitudes e dos *insights* associados à psicanálise à biologia dos processos sexuais e, além deles, à vida orgânica em geral. Talvez tenha sido a aplicação mais ousada da psicanálise já tentada" (p. 228).

que alguém encontra um bebê, encontra cuidados maternos, e sem cuidados maternos o bebê não existiria" (p. 587, nota 1). As coisas do mundo têm ressonância psíquica e não podemos pensar numa criança sem o seu ambiente. Em "Os muros de Berlim", Winnicott (1969/1986) introduz outro tema importante, o conceito abrangente de apoio ambiental e seus efeitos no desenvolvimento da pessoa. Esse apoio permite à pessoa "sobreviver" aos medos primordiais de desintegração e manter unidas as necessidades contraditórias de estar sozinho e de estar em relação com os outros por meio da construção de um *self* verdadeiro e do progresso da experiência de ser autêntico.

René Spitz (1965) atribui o desenvolvimento de um transtorno de privação afetiva em crianças de orfanatos exclusivamente à falta de maternagem. Searles (1960) vai um passo além: levanta a hipótese de que, em ambientes como os orfanatos, a privação de elementos não humanos desempenha um papel crucial. Ao contrário das crianças de orfanatos, as que frequentam creches não desenvolvem esse transtorno de privação porque se beneficiam de diversas fontes de estímulo, por exemplo, a presença de brinquedos ou a possibilidade de observar o mundo fora da janela.

Quando se trata de crescimento mental – especialmente na infância –, as plantas, os animais, as estruturas arquitetônicas e o mobiliário desempenham um papel tão importante quanto o ambiente afetivo e o meio social. Searles (1960) tinha 65 anos quando escreveu seu livro sobre o ambiente não humano no desenvolvimento normal e na esquizofrenia. Ele afirma que não poderia tê-lo escrito aos 40 anos, quando se esforçava para diferenciar o humano do não humano. Searles especifica o sentimento de relação consciente ou inconsciente do indivíduo com o ambiente não humano. É uma relação afetiva íntima entre os processos da vida humana e os do meio ambiente, uma conexão que devemos respeitar e reconhecer para o nosso bem-estar mental se quisermos diminuir nossa solidão existencial no universo.

Os benefícios desse relacionamento podem ser divididos em quatro categorias (Searles, 1960):

a) alívio de diversos estados emocionais de angústia e dolorosos;
b) promoção da autorrealização;
c) fortalecimento do sentimento pessoal de realidade;
d) promoção da valorização e aceitação das outras pessoas.

Segundo Searles, o sentimento de relação enfraquece o medo da morte e promove os sentimentos de paz, estabilidade, continuidade e segurança. Finalmente, pode servir como antídoto contra sentimentos de vazio e insignificância.

A deterioração ecológica causa angústias (e suas relativas defesas), levando, portanto, a preconceitos e à interrupção do sentimento de relação entre humanos e não humanos. O artigo de Searles de 1972 sobre esse tema ainda permanece relevante hoje. Nesse artigo, ele atribui a escassez de reflexão psicanalítica sobre a crise ambiental e a contribuição da psicanálise para ela a fatores destrutivos inconscientes. Ele argumenta apaixonadamente que a maioria dos psicanalistas é tão indiferente e inconsciente em relação ao problema ambiental a ponto de diagnosticar nos colegas interessados nisso uma depressão psicótica ou uma esquizofrenia paranoica.

A apatia generalizada em relação à crise ecológica baseia-se principalmente nas defesas inconscientes do ego contra a angústia, segundo Searles: nossa relação com o meio ambiente é composta de ambivalência e destrutividade e as defesas do nosso ego oscilam entre dependência e controle, submissão e exploração, inveja e gratidão. Mais precisamente, essas defesas envolvem:

- As fases fálica e edipiana do desenvolvimento. Um dos principais fatores por trás da apatia dos pais em relação aos seus filhos que estão em perigo de extinção é a possibilidade de a crise derrotar um rival edipiano, um rival temido, invejado, odiado e nunca derrotado. Searles chega ao ponto de postular um ódio inconsciente em relação às gerações futuras, à nossa descendência e, por sua vez, à descendência dela – pais vingativos, determinados a destruir o direito de primogenitura por meio da negligência, empenhados em exigir vingança pelas privações que sofreram, em qualquer fase do desenvolvimento, nas mãos de seus pais. Um ódio que inclui e ultrapassa o conflito edipiano.
- As primeiras fases do desenvolvimento que coincidem mais ou menos com a posição depressiva kleiniana. A poluição ambiental pode nos impedir de tomar consciência da profundidade da depressão que uma pessoa sofre. Além de se sentir isolada em sua depressão, a pessoa se sente, junto com todas as outras, presa em um mundo em ruínas. A poluição não só destrói o futuro da descendência que os pais odeiam e invejam de maneira inconsciente, mas também nega um passado que os pais inconscientemente resistem a recordar com grande clareza. Os pais equiparam o mundo idealizado da infância perdida a um ambiente puro. Eles supõem erroneamente que nada podem fazer em relação à crise climática, tal como não podem recuperar o mundo da sua infância, e idealizam retrospectivamente suas características particulares e dolorosas. A crise permite aos pais manter a ilusão de uma infância ideal, uma infância não contaminada que ainda podem obter. Nesse sentido, os pais poluidores representam inconscientemente partes do seu passado às quais se apegam. Essas distorções de transferência permeiam o seu ambiente presente e os protegem confortavelmente de sentir a pungência das perdas passadas. Com certeza,

só podemos adotar e viver na realidade. De modo onipotente, os pais destruíram o mundo em que sua infância idealizada existiu e optam por degradá-lo cada vez mais poluindo-o.

- As fases anteriores que coincidem mais ou menos com a posição paranoide. Só podemos resistir a um mundo tão esmagadoramente governado por forças tecnológicas, alienígenas, complexas, massivas e opressivas por meio da regressão a um estado de não diferenciação dele. Vivenciamos o nosso mundo cada vez mais poluído como um inimigo onipresente. Isso nos paralisa numa inatividade induzida pelo terror. Vivemos numa forma de experiência profundamente regredida, na qual não nos diferenciamos do nosso ambiente. Não possuímos um *self* claramente separado que nos permita enfrentar a ameaça "externa". Nesse nível de funcionamento primitivo do ego, não podemos diferenciar a mãe boa da mãe má. Muitas vezes a natureza tem sido uma mãe má para nós, enquanto a tecnologia é a mãe boa, pois nos permite controlar a natureza. Agora a nossa mãe boa nos envenena e, se não a controlarmos e devolvermos o estado de liberdade à natureza, corremos o risco de nos perder. Louvamos a tecnologia: o produto nacional bruto anual resume seu crescimento. Consideramos a tecnologia uma espécie de deus. Agora precisamos renunciar a esse deus para nos salvarmos.

Searles (1972) conclui seu artigo com o atual dilema da humanidade: salvar o mundo real ou usá-lo como instrumento de destruição contra todos nós? Nosso maior perigo não é a bomba de hidrogênio nem os efeitos mais vagarosamente letais da poluição proveniente da tecnologia: é que o estado do mundo evoca nossas angústias primárias e, simultaneamente, nos oferece a "promessa" delirante e mortal de gerir essas angústias, apagá-las, externalizando e tornando familiares os conflitos primitivos que causam essas angústias. O maior perigo que enfrentamos, que pode levar à nossa extinção, é nossa crença de que estamos onipotentemente livres do conflito humano.

O psicanalista estadunidense amplia sua compreensão psicanalítica do entendimento mais comum de "meio ambiente" – a biosfera – a todas as condições que influenciam a vida, a reprodução e o desenvolvimento humano: para Searles, o meio ambiente não se limita ao passado inscrito dentro de nós e que ocorre ao nosso redor, abrange também um futuro que está por vir, o futuro das gerações que pagarão caro pelas consequências da nossa relação com a biosfera (Magnenat, 2019b).

Reflexões psicanalíticas dos anos 2000

Após um silêncio demasiado longo, raramente interrompido por ocasionais vozes isoladas, na década de 2000 os psicanalistas recomeçam a refletir sobre a relação do ser humano com o meio ambiente. Veremos ao longo deste livro que eles partem das considerações de Searles e de suas reflexões sobre as teorias de Freud, Klein e Winnicott.

Entre as vozes anteriores e pouco frequentes, encontramos Ezio Cirincione com seu *Ecologia e Psicoanalisi*, de 1991. Com paixão e preocupação, o livro é um precursor, pois trata de um tema novo para a psicanálise de sua época: como a destruição humana representa um ataque mortal a todo o ecossistema, inclusive à humanidade. Cirincione rotula dramaticamente o "delírio da negação", uma neoconstrução irracional da realidade, a indiferença conivente com a qual a crise ambiental é menosprezada. Se um delírio clássico dos pacientes psicóticos ou depressivos é o do fim do mundo, nestes tempos o quadro delirante mais perigoso e socialmente difundido é o seu oposto: acreditar que é impossível destruir o mundo e que a vida na Terra continuará eternamente. Um exemplo é a idealização febril e delirante da criatividade da tecnologia, apesar dos desastres criados pelo homem e das suas ameaças incessantes.

Na sua resenha ao livro de Cirincione, Franca Meotti (1992) concorda que a miopia humana põe em perigo o ecossistema, mas não partilha a sua perspectiva catastrófica. Ela oferece uma perspectiva ampla e menos dramática sobre a agressão, que prevê não apenas a destruição invejosa, mas também uma relação peculiar com a beleza. Desde a pré-história, o ser humano danificou ou matou as coisas mais bonitas e transformou animais em troféus. Hoje temos o triste privilégio de presenciar um número cada vez maior de ações desse tipo devido às condições de vida no planeta. Ao mesmo tempo, temos à disposição métodos psicanalíticos de investigação que podemos usar para nos salvar e para rejeitar outra forma de negação – a negação de possuir recursos ou, ao menos, a capacidade de combater a autoilusão.

A tecnologia não é um problema em si: o problema é a investigação tecnológica ser orientada pelos interesses das empresas internacionais, e não pelo objetivo de melhorar as condições de vida. A tecnologia pode ser gravemente problemática quando, de forma frenética, a utilizamos para negar nossas emoções, nossos afetos, os objetos internos e externos e o próprio inconsciente. Para Magnenat (2019c), o inconsciente é um terrorista, um indesejável que não pode deixar de retornar, tanto individual como coletivamente, num mundo que gostaríamos que fosse mais civilizado. A tecnologia, no nível industrial, da informação, da genética e da inteligência artificial, pode obscurecer nossos pensamentos e desumanizar-nos, especialmente quando se alia à nossa necessidade humana de controlar nosso inconsciente, escravizando-nos.

Lorena Preta (2015) revisita os temas de Searles, ressaltando que a humanidade é principalmente uma construção, uma característica peculiar que nos é inatamente concedida no início, mas que precisa interagir com um ambiente para se desenvolver e se distinguir do mundo natural, bem como do artificial – dois mundos que sempre farão parte da nossa humanidade. Tanto a noção de humanidade como a nossa experiência de pertencer à humanidade requerem um espaço ampliado em que o sujeito possa assumir as alteridades dos outros. Isso não significa necessariamente que o sujeito esteja absorvido nesse espaço e assim se torne indistinto dele: o sujeito deve ajustar-se continuamente para se expandir ou aumentar.

Para Roberto Esposito (2016), a relação dentro-fora deve ser interpretada de três maneiras. Primeiro, como uma hiperimunização, que levanta barreiras e torna a nossa identidade mais dura. Depois, como uma total falta de imunização que abole todas as fronteiras e nos faz perder a identidade. Nem a hiperimunização nem a falta de imunização podem ser aceitas, porque destroem o organismo: na primeira, a identidade é suprimida; nessa última, torna-se tão aberta que se dissolve. A terceira forma, a imunização por meio da contaminação, enriquece e fortalece nossa identidade. Essa forma de imunização segue a lógica de inclusão-exclusão: para Esposito, deve ser entendida como uma lógica biológica porque está ontologicamente fundamentada no funcionamento do sistema imunológico.

Laura Ambrosiano (2017) reconsidera as reflexões de Derrida, Foucault e Esposito. A sobreposição dentro-fora nos faz conceber que nosso aparelho psíquico e seu funcionamento estão contaminados desde o início. É como se carregássemos dentro de nós um estranho, algo que restringe severamente nossa ilusão comum de nos tornarmos sujeitos. Em vez de uma oposição entre mundo interno e mundo externo, pensamos num fora-dentro ou num dentro-fora[3] que sublinhe os limites de se tornar um sujeito e endosse a ideia de uma mente ampliada.

---

3 Derrida (1976) apela a um interior escavado a partir do exterior, a um exterior escavado a partir do interior. Foucault (1966/1998) refere-se ao "pensamento

Diferentemente do pensamento ocidental, em que a linearidade é a base do crescimento tecnológico atual, o pensamento chinês é cíclico. Enquanto o pensamento ocidental valoriza o indivíduo, os pensamentos confucionista e taoista estão enraizados numa tradição milenar e colocam o ser humano no centro da sociedade e do mundo. No 人 confucionista (*Rén*, ser humano ou pessoa), a virtude suprema é o sentimento de humanidade, pois só nos tornamos humanos no relacionamento com os outros. Os ocidentais tendem a estar tão imersos na onipotência tecnológica que não têm capacidade de questionar a globalização baseada na ganância ilimitada e no lucro rápido, apesar das condições éticas na base do social e em face de um planeta devastado por nossas escolhas. Existem conexões entre a psicanálise e o pensamento chinês antigo: ambos valorizam e colocam no centro a dimensão humana (Lauret, 2020).

Ao contrário da sua contraparte ocidental, a cultura indiana concebe que o corpo está interligado com a natureza e o cosmos, num intercâmbio ecossistêmico contínuo entre o ser humano e o ambiente, afirma o psicanalista indiano Sudhir Kakar (1997). O hinduísmo, em especial sua doutrina da reencarnação, considera que o ser humano é um passo de transição em direção a formas variadas de vida e, portanto, defende o respeito por todas as espécies. Em comparação, de acordo com a imagem ocidental do corpo, as características naturais do ambiente – qualidade saudável do ar, luz solar abundante, flora e fauna prósperas – *a priori* são irrelevantes para o crescimento emocional e cognitivo.

Mas o hinduísmo mantém o conceito de indivíduo. Acredita em *Brahma* como uma alma universal, mas assume que essa alma existe em cada pessoa de maneira peculiar: o *self* ou *Atman*. Para o

---

do fora", os pensamentos que precedem os sujeitos (pensamentos sem pensadores?). Ele critica a noção de um sujeito que fica dentro de si e é dono do sentido de suas próprias palavras. O significado das palavras emana do mundo exterior, que permeia e envolve o sujeito: habita o sujeito e define seus limites.

hinduísmo existe uma aguda ligação entre *dharma* (a ordem ética, social e divina das coisas) e *karma* (ações pessoais) (Bollas, 2012).

O deserto, a montanha, o mar, a floresta e, sobretudo, os animais têm certamente uma capacidade extraordinária de ajudar a dar apoio a sintomas específicos, nomeadamente os relacionados com fobias. Embora a paisagem e os animais possam fornecer material tanto para os sintomas como para os sonhos, não devemos reduzi-los simplesmente à função de proporcionar material simbólico para nossa mente. Os estudos etológicos demonstram que não podemos mais negar aos elementos da natureza externa formas de sensibilidade e linguagem (Demailly, 2020).

Antonio Prete (2016) inicia seu livro *Il Cielo Nascosto* com a afirmação de Martin Buber como exergo: "Se se diz Tu profere-se também o Eu da palavra-princípio Eu-Tu".[4] Aqui, "tu" não é apenas o outro ser humano porque o outro também pode assumir a forma de outras coisas naturais, como outros seres vivos, terra, mares, estrelas e galáxias.

Chianese (2018) encontra nas considerações de Prete o valor de uma meditação sobre o ser vivo, sobre todo o vivo, sobre a relação entre o ser humano e o ser vivo que o rodeia e move. Nesses termos, ele encontra uma conexão entre o pensamento de Prete e as teorias psicanalíticas.

Esse trabalho interminável de adaptação é oneroso. Talvez essa dificuldade constitua um dos principais obstáculos inconscientes ao cuidado do nosso planeta. Identificamo-nos inconscientemente com a tecnologia, que consideramos onipotente e imortal, para evitar ver o lado obscuro do nosso bem-estar social e do modo de vida ocidental, apesar da abundante quantidade de informação sobre a condição do nosso planeta.

---

4 Extraído de *Eu e tu*. Tradução do alemão, introdução e notas por Newton Aquiles Von Zuben. Centauro, 2001.

Sennett (2018) acredita que, se Heidegger estivesse vivo hoje e pudesse observar os desastres climáticos provocados pelo homem, ele sem dúvida diria: "Eu avisei!" e "Vocês tinham uma ideia errada sobre a natureza, pensaram que poderiam dobrá-la à sua vontade".

Em seu *Banquete*, Platão (385-370 a.C./2003) escreve que Eros é filho de Penìa (pobreza) e Poros (abundância). Um dos desafios contemporâneos reside em encontrar um equilíbrio entre a superabundância e a escassez: temos de reduzir a primeira e enfrentar a segunda. Disso resulta que tendemos a nos proteger de sentimentos intoleráveis de insignificância, privação, perda, medo da morte, e do sentimento de culpa e vergonha que resulta da nossa cumplicidade implícita com algo desumano, algo que constitui a aniquilação do que é humano (Fédida et al., 2007), na medida em que exploramos cegamente os recursos naturais, não importando o custo e as consequências destrutivas. Nossa reação a tudo isso é uma simples apatia generalizada que assume as formas de indiferença, desrespeito, negligência, ganância, desatenção, preguiça e eufemismo.

Essas considerações encontram-se resumidamente em "Formulações sobre os dois princípios do funcionamento mental" (1911). Nele, Freud define o bebê como "sua majestade" por considerar ilimitada e perpetuamente garantida a disposição materna para satisfazer às necessidades urgentes dele. Assim também Klein (1935/1978) descreve uma criança que nutre a fantasia inconsciente do seio materno inesgotável, que ela deseja possuir totalmente, assim como deseja possuir todo o corpo da mãe.

Sally Weintrobe (2013a) sugere que, quando confrontamos a emergência climática, devemos enfrentar três formas diferentes de negação: negacionismo, negação e recusa. Cada um dos três tem efeitos radicalmente variáveis:

1. Podemos reconhecer facilmente o negacionismo por envolver a difusão intencional de notícias falsas sobre as alterações climáticas para fins comerciais, políticos e ideológicos. Encontramos em campanhas políticas e anúncios de produtos essa modalidade defensiva cínica e planejada, que minimiza a extensão dos danos colaterais causados pelo impacto ambiental ou contesta o valor da descoberta científica. Uma receita para o desastre é a combinação de defesas em nível individual e negação política organizada por lobbies, que promovem perversamente o consumismo e a colonização da biosfera por mero interesse econômico.
2. A negação é exemplificada pela afirmação de que algo não existe quando realmente existe. Essa defesa nos permite lidar com a angústia e a perda. É uma forma de negação que caracteriza uma primeira fase transitória do luto, na qual a pessoa começa a aceitar uma realidade aparentemente intolerável. O indivíduo se opõe à realidade, mas não a distorce. Ele pode começar dizendo "Não é verdade" e então, com irritação, aceitar que é verdade e, finalmente, fazer a transição para sentir tristeza e aceitação. Também é possível utilizar a negação não como estágio flexível do luto, mas de forma claramente psicótica.
3. A recusa é uma defesa mais problemática, pois implica simultaneamente saber e não saber. Por um lado, conhecemos e aceitamos a realidade, mas, por outro, por meio de uma espécie de alquimia psicológica, minimizamos firmemente seu significado. É como ter um olho aberto e outro fechado. Ao longo do tempo, essa modalidade defensiva tem sido especialmente perigosa e difícil de tratar porque nossas defesas tendem a ser mais rígidas e enraizadas de acordo com o aumento das nossas angústias. É como se nos colocássemos numa realidade alternativa para controlar o aumento de emoções negativas: atacamos de maneira inconsciente e perversa o significado

racional e lógico e, como alternativa, propomos uma espécie de antissignificado. A recusa funciona por meio do monitoramento constante dos sentimentos de incômodo provocados pela violência e do relativo sofrimento relacionado aos difíceis momentos históricos que vivenciamos. Esse monitoramento nos impede de confrontar a turbulência que vivenciamos, mas nos ajuda a explorar modalidades psicológicas reparadoras para nos desligarmos dela.

Em seu último livro, Weintrobe (2021) atribui a crise climática ao conluio com o excepcionalismo e as ortodoxias neoliberais, que se baseiam numa mentalidade rígida. As pessoas com essa mentalidade acreditam falsamente que têm direito a uma parte majoritária do bolo e podem "reorganizar" a realidade com o pensamento mágico onipotente sempre que a realidade limitar o que sentem ser seu direito. Quando a luta conflituosa entre as partes cuidadosas e as descuidadas se instala em favor das partes descuidadas, resulta a desregulamentação mental, situação psíquica extremamente perigosa para as relações humanas e para o planeta.

Irma Brenman Pick (2013) destaca que o ser humano exibe em relação à Mãe Terra[5] as mesmas fantasias de posse que a criança exibe em relação a sua mãe. Na verdade, o ser humano quer simultaneamente as vantagens e os confortos da industrialização e um mundo idilicamente não contaminado, sem qualquer renúncia. É como quando alguns analisandos dizem: "Por favor, Deus, faça-me virtuoso, mas não agora".

É oneroso renunciar ao *status quo*, aceitar racionalmente a realidade e, ao mesmo tempo, negá-la. Existe uma disjunção gritante

5 Em seu romance *A Quinta Estação*, a escritora Nora K. Jemisin (2015) não fala em Mãe Terra, mas em Pai Terra, para enfatizar que a Terra não nos dá amor, mas regras a seguir. Se não as respeitarmos, devemos esperar uma reação violenta.

entre tomar uma posição racional e rejeitar as consequências de tal posição em termos de mudanças de estilo de vida, meios de produção e hábitos de consumo. Por exemplo, muitas pessoas reconhecem o aquecimento global como um problema, mas não o situam na realidade atual. Contextualizam-no convenientemente num futuro mais ou menos hipotético, um possível problema para filhos e netos que pode ser evitado por enquanto ou reparado.

Rosemary Randall (2009) explora a possível regressão ao estado inicial de cisão, em que o que é bom e o que é mau são claramente diferenciados, como uma poderosa defesa psicológica contra a crise climática. Ela argumenta que isso produz um mundo de extremos, no qual o bom é idealizado e o mau é concebido como um monstro. O medo da perda leva à cisão e à projeção dos efeitos das alterações climáticas no futuro. O presente continua parecendo seguro, mas às custas de um futuro terrível. Por um lado, temos um pesadelo, por outro, um falso conforto.

A apatia nos permite desproblematizar nossos medos e salientar o intervalo de tempo antes de experimentarmos plenamente as consequências do aquecimento global. Também torna mais fácil questionarmos com ceticismo a credibilidade e a autoridade da ciência (Hamilton, 2013).

Outra modalidade perversamente defensiva é considerar o prazer individual e as vantagens do presente – apesar das vastas desvantagens impostas aos outros e ao ambiente – como um prazer universal por meio de métodos confusos que distorcem a realidade (Hoggett, 2013).

Yuval Noah Harari (2011/2014) conclui seu livro *Sapiens* argumentando que somos deuses criados por nós mesmos com a lei da física a nos fazer companhia: não prestamos contas a ninguém. Como consequência, estamos provocando a destruição dos nossos companheiros animais e do ecossistema circundante. Isso ocorre porque levamos em conta apenas nossos próprios conforto e diversão, mas nunca encontramos satisfação. Finalmente, Harari pergunta se existe algo mais perigoso do que deuses insatisfeitos e irresponsáveis que se criaram sozinhos sem ter consciência do que querem.

Por ser muito difícil entrar em contato com nossas angústias mais profundas, livramo-nos de todo senso de responsabilidade e conscientização do nosso papel na criação desse dano. Assumimos uma forma exasperada de racionalização segundo a qual passamos do "Enfim, todo mundo faz!" para "Enfim, todo mundo gosta!".

Em certo sentido, é como o pedófilo: para ele, a criança é um parceiro voluntário e, portanto, simetricamente corresponsável; o desejo sexual é recíproco e a criança compartilha seu prazer. O pedófilo acredita que a criança quer as mesmas coisas que ele. Não reconhece nem respeita o equilíbrio emocional da criança: pensa, deseja e constrói a criança como uma espécie de homúnculo, um pequeno adulto artificial que, uma vez reificado, corresponde exatamente à construção excitada do pedófilo (Schinaia, 2001/2018a).

John Keene (2013) refere-se ao pensamento de Winnicott (1965) e salienta que experienciamos a Terra como uma "mãe-latrina" ilimitada, um enorme depósito de lixo que absorve incessantemente nossa toxicidade, tal como despejamos nossos esgotos no mar. As necessidades de dependência da criança são tão dolorosas e odiosas que podem levar ao desejo de punição, controle ou destruição da mãe, sentida como principal fonte das frustrações da criança. Além disso, o prazer da destruição traz uma satisfação mais rápida e imediata do que o doloroso e difícil processo de criação e reparação.

Em *O processo psicanalítico*, Donald Meltzer (1967) desenvolve o conceito de "seio-latrina", enfatizando como, no nível psicológico, o seio não é apenas algo nutritivo, mas também algo em que evacuamos nossos estados mentais intoleráveis.

Em seu *Psychoanalysis and Ecology at the Edge of the Chaos*, Joseph Dodds (2011) considera alguns paradigmas psicanalíticos diferentes e as teorias de Félix Guattari, que refuta a oposição dualista entre o sistema humano (cultura) e o sistema não humano (natureza). Dodds defende a presença de uma série de sistemas interligados não lineares, não previsíveis e extremamente complexos que entram em jogo nos fenômenos das alterações climáticas e provocam medos e angústias no indivíduo, nos grupos e na comunidade em nível nacional e internacional. Isso determina as interconexões entre a ecologia local e a interplanetária que uma única disciplina não pode compreender. Segundo Dodds, a psicanálise pode desempenhar um papel importante como parte de uma ecologia mais ampla de ideias. Para fazer isso, precisamos desenvolver uma metaperspectiva ou metateoria que possa integrar as muitas vertentes díspares (díspares em termos das nossas divisões arbitrárias, não em termos de como o mundo realmente é). Dodds propõe que conectemos a abordagem psicanalítica com o pensamento não linear e ecológico, a fim de unificar as "três ecologias – mente, natureza e sociedade – e responder à espinhosa questão de por que os seres humanos não tomam medidas críticas para responder de modo eficaz à emergência climática, apesar do conhecimento quase total da ciência contemporânea sobre seus aspectos catastróficos. Os mecanismos de defesa e as táticas intrapsíquicas que utilizamos para controlar nossa angústia avassaladora em relação ao desastre ecológico impedem-nos de construir respostas reparadoras eficazes. Estes incluem: cisão, intelectualização, repressão, deslocamento, supressão e negação. A questão é se a dinâmica central consiste na angústia cada vez maior como resposta a um problema enorme, cuja magnitude é tão grande que necessitamos de uma defesa, ou se nossa angústia aumenta porque a grande abstração do problema dificulta sua compreensão com base nas emoções humanas. Para Dodds, é plausível que esses dois fatores trabalhem juntos.

Ele se refere às fases do desenvolvimento de Melanie Klein quando escreve sobre a fantasia de um "seio-Terra" infinitamente à nossa disposição, a resposta esquizoparanoide ao desmame necessário e a necessidade de prosseguir para a posição depressiva, caracterizada pelo desejo de reparar perdas, dores e frustrações.

Também J.-P. Matot (2020) refere-se a uma intersecção entre a psicanálise e os sistemas complexos. Ele propõe o conceito de *self* disperso, que pode ser concebido em uma teoria do *self* mais ampla do que a do *self* localizado em uma concha corporal e, portanto, que inclua uma multiplicidade de conchas.

Alan Bellamy (2019) concentra-se em outra defesa contra a conscientização da gravidade da crise climática ao reintroduzir o conceito de identificação com o agressor de Ferenczi (1932/1949), segundo o qual, por meio de identificação ou introjeção, o agressor como realidade externa desaparece. Bellamy nos exorta a aplicar esse conceito não só aos casos de abuso sexual de crianças, mas também às situações de desequilíbrio traumático entre o indivíduo e o seu ambiente, em que o medo se torna tão insuportável que o indivíduo se sente em perigo inescapável e experimenta falta de proteção do mundo circundante. Nossa resposta ultrapassa a dissociação e, para nos protegermos, torna-se uma identificação com o mundo que nos rodeia, com aquilo que tememos. Nisso Bellamy reavalia Searles, segundo quem, nessas condições, o indivíduo cede a fantasias secretas de destrutividade onipotente, para se identificar com as forças que ameaçam destruir o mundo.

Outra modalidade defensiva é a racionalização ou intelectualização, na qual a compreensão racional da gravidade da crise ambiental não corresponde à compreensão emocional. O conhecimento que é incapaz de desencadear uma ação consequente é específico deste momento da história (Cohen, 2000).

Para Foer (2019), a distância entre consciência e sentimento pode tornar a ação impossível, mesmo para pessoas ponderadas e politicamente ativas: é exaustivo demais refletir sobre a complexidade das ameaças que devemos enfrentar.

Por um lado, estamos emocionalmente alertas e assustados com a perda cada vez maior de biodiversidade e com a intensidade das alterações climáticas, mas, por outro, parecemos incapazes de levar em consideração esses alertas e nossas rotinas diárias e de conectar eventos e dados globais e distantes com a urgência das mudanças na dimensão local (Van Aken, 2020). Também podemos encontrar modalidades defensivas opostas em que os sentimentos e a inefabilidade são mais valorizados do que o pensamento e a compreensão cognitiva. Essas modalidades defensivas são típicas de uma visão romântica, edênica e sublime segundo a qual a natureza deve ser sempre protegida e mantida intocada e imutável ao longo do tempo.

É plausível que os homens das cavernas teriam sido capazes de sobreviver nessas condições, desde que tivessem respondido imediatamente ao medo agudo, como o de confrontar um predador ou inimigo. Pelo contrário, se o medo tivesse sido expandido e desenvolvido lentamente, mesmo que fosse determinado por uma situação potencialmente perigosa, teria sido muito mais fácil ignorá-lo (Keene, 2013). Infelizmente, os seres humanos e as sociedades não têm o dom da previsão, por isso tendem a reagir apenas às situações presentes.

Somos melhores ao enfrentarmos um perigo claro e presente, um perigo que podemos ver, ouvir e cheirar, um perigo caracterizado pela causalidade linear, um inimigo facilmente identificável que apresenta consequências pessoais diretas. Ao contrário, retiramos do coração o que é invisível, principalmente se for incômodo.

Vivenciamos objetos distantes como se estivessem nas sombras, em algum lugar esquecido, numa terra existente em futuro distante e inimaginável. As questões ambientais são consideradas tão distantes como algo especializado que deve ser tratado apenas por poucos especialistas. O objetivo inconsciente dessa operação mental é a criação de uma distância emocional das coisas pelas quais nos sentimos culpados de tratar mal (Weintrobe, 2013b).

Umberto Galimberti (2019) argumenta que, quando o infortúnio se abate sobre um parente próximo e querido, sofremos com ele e tentamos ajudar, como se o infortúnio se abatesse sobre nós. Quando é um vizinho, sentimos pena dele e oferecemos palavras de conforto. Quando ocorre uma tragédia longe de nós – digamos, um genocídio no coração de África ou um *tsunami* no Oriente Médio – consideramos apenas como uma notícia. Nossa mente se conecta aos eventos do mundo circundante (em alemão, *Umwelt*), mas não aos eventos do mundo em geral (*Welt*).

Andri Snær Magnason (2019) argumenta que é mais fácil formar uma opinião sobre questões menores, por exemplo, quando alguém quebra um objeto que vale milhões, quando alguém atira em um animal ou quando uma iniciativa acaba sendo muito cara. Mas quando chegamos a algo infinitamente grande, sagrado, até mesmo o fundamento da nossa existência, não temos uma reação proporcional. É como se o cérebro não pudesse avaliar os tamanhos.

Em seu romance *A peste*, Albert Camus (1947/1960) argumenta que os seres humanos são totalmente incapazes de compartilhar o sofrimento por algo que não podem ver quando estão muito distantes.

Continuamos a respirar, a beber água, a nadar no mar, a brincar na neve e a usufruir de espaços verdes sem nenhuma sensação concreta de perigo, tendemos a propor narrativas e interpretações simplificadas. Problemas complexos, que não podemos ver imediatamente, demonstram nossa impotência. Tendemos a nos defender dessa impotência banalizando as dissonâncias cognitivas que fomentam nosso desinteresse, nossa dinâmica de espaçamento ou mesmo nosso embotamento mental. Sentimo-nos forçados a limitar a nossa mente, a ativar um sistema de anticonhecimento, a viver como espectadores amorfos sem responsabilidade em vez de atores intrinsecamente corresponsáveis. É árduo aceitar a nossa coparticipação num crime tão enorme.

Meltzer (1986/2018) escreve:

> *Embora a magnitude das ameaças que este planeta e sua população enfrentam pareça ter aumentado para além de qualquer coisa anteriormente conhecida, talvez nem sempre seja útil abordar os problemas que a humanidade enfrenta a partir desse vértice quantitativo. A dificuldade reside em nossa capacidade limitada de pensamento e seu fundamento na capacidade de resposta emocional adequada. Superficialmente, pode parecer que o cataclismo nos comove em profundidade, mas um exame cuidadoso sugere algo bastante contrário. . . . O "fim do mundo" pode ser expresso em megatons e não, como fizeram os astrônomos matemáticos de Laputa, em termos da temperatura da cauda do cometa – ou, na linguagem do profeta do Antigo Testamento, como a ira de Deus –, mas isso não torna o conceito mais emocionante. Pois o horror é um estado perverso de excitação . . . (pp. 189-190)*

O que está em jogo é a influência indevida da cultura pós-moderna, segundo Kaës (2013): vivemos em constante urgência porque nosso horizonte temporal foi reduzido por componentes culturais como o hipercontrole, a indiferenciação, a onipotência e o fascínio pelo extremo. O imediatismo transformou nossa noção de tempo. Nossa relação com o tempo valoriza o encontro síncrono, o aqui e agora. O tempo curto prevalece sobre o tempo longo, o *zapping* e o nomadismo sobre a continuidade. A conexão é mantida apenas no momento presente. Escapa à história porque a única certeza é que o futuro é inseguro.

Heinz Kohut (1981/1985) propõe a noção de *self-objeto cultural*, figura psíquica que permite aos grupos humanos e à cultura se reconhecerem quando constroem sua identidade como um *self* grupal e, assim, adquirem um sentido *relativo* de continuidade e coesão na partilha de um ideal comum. Seguindo a noção de Kohut, Alfredo Lombardozzi (2020) desenvolve a noção de *self-objeto cultural/ambiental*. Essa noção define uma forma de relação com as formas *naturais*, que não são concebidas apenas como *estranhas ou diferentes* de nós, mas como pertencentes à articulação dinâmica da profunda ligação entre natureza e cultura.

Uma interpretação psicanalítica das dificuldades na relação ser humano-meio ambiente, interpretação passível de se fazer a partir de modelos teóricos muito diversos, pode ajudar a avaliar a dinâmica inconsciente e as formas complexas de relação. Na verdade, essa avaliação pode destacar a tendência para construir formas de negação extremamente sofisticadas e promover uma nova relação entre natureza e cultura, uma relação que não é nem dicotômica, nem excessiva e indevidamente baseada na assimilação.

5. Resíduos[1]

Jean Baudrillard (1978) argumenta que a psicanálise é a primeira grande teoria sobre resíduos (como sonhos, lapsos etc.), pois se baseia na recuperação de fragmentos de memória.

Em seus *Três ensaios sobre a teoria da sexualidade*, Freud (1905) enfoca o prazer que advém da evacuação das fezes durante o estágio anal-sádico do desenvolvimento psicossexual. Entre os 18 e os 36 meses, a criança obtém satisfação ao controlar o esfíncter anal. Controlar e expelir produtos corporais não é apenas uma forma de gratificação para a criança, mas também uma ferramenta para regular as relações com o ambiente. A evacuação das fezes acompanha o medo da perda e a sensação de incompletude, que, por sua vez, podem provocar o controle obsessivo relacionado à retenção das fezes. A decisão de urinar ou defecar é o primeiro ato simbólico de negação ou apaziguamento da necessidade de autocontrole imposta pelas figuras parentais e, por extensão, pelas instituições sociais. Esse é o primeiro momento em que um indivíduo se submete a um conjunto de normas sociais compartilhadas. Graças ao

1 Este capítulo se baseia em Schinaia (2019a).

aumento da capacidade de controlar o esfíncter, o prazer derivado da evacuação (erotismo anal) leva à gratificação da libido e ao surgimento de um caráter agressivo (fase anal-sádica). Da mesma forma, o desenvolvimento da autoestima e da autonomia está associado ao desenvolvimento da capacidade de controlar a defecação de forma voluntária. A incapacidade de lidar com conflitos e o treinamento incorreto do uso do banheiro nessa fase podem levar ao desenvolvimento de uma fixação anal (retentiva ou expulsiva). A fixação anal expulsiva origina-se da gratificação excessiva na fase anal-sádica e da educação excessivamente permissiva. Manifesta-se na tendência da criança de defecar em locais inadequados e pode levar a um traço anal expulsivo que, por sua vez, leva a uma personalidade extremamente desorganizada, cruel e destrutiva, com tendência à manipulação. Nos casos de gratificação insatisfatória, a criança obtém ganhos em reter as fezes apesar da educação dada pelos pais, ocasionando uma fixação anal retentiva. O futuro adulto retentivo anal se caracterizará por extrema atenção aos detalhes e grande senso de posse, será parcimonioso, bem-organizado, obstinado e obcecado pela ordem e pela higiene. Esses dois tipos de caráter favorecem atitudes emocionais e culturais distintas na produção e na coleta de resíduos, com dissipação desordenada ou, inversamente, controle obsessivo.[2]

O retorno do reprimido, conforme descrito por Freud (1907) em "Delírio e sonho na Gradiva de Jensen", é o processo segundo o qual os elementos reprimidos, que a repressão nunca destrói, tendem a reaparecer na consciência por meio dos mesmos mecanismos associativos que foram usados para reprimi-los. O

2 Melanie Klein (1946/1997) inicia suas reflexões a partir de considerações freudianas e torna-as mais ricas e complexas: "Esses excrementos e partes más do *self* têm como objetivo não apenas ferir, mas também controlar e tomar posse do objeto. Na medida em que a mãe passa a conter as partes más do *self*, ela não é sentida como pessoa separada, mas como o *self* mau" (p. 8).

retorno do reprimido leva-nos a lidar com nossa "sujeira", com nossos resíduos internos, com nossos aspectos que consideramos ética e socialmente impróprios e dos quais nos defendemos, como nos defendemos dos resíduos que representam a sombra oculta da nossa cultura.

No entanto, na concepção de Freud em "O estranho" (1919), aquele resíduo indesejável da mente, aquele objeto que tentamos reprimir, permanece misteriosamente familiar e resiste a qualquer tentativa de separação, não constituindo nada de novo ou estrangeiro. Assim, os resíduos, com seus efeitos potencialmente prejudiciais, lembram-nos nossa natureza frágil e transitória.

A *Break of Dawn*, conhecida como a "barcaça do lixo", e seu rebocador representam o retorno do reprimido. A barcaça e o rebocador partiram em 22 de março de 1987 de Islip, uma cidade em Long Island, Nova York, em busca de um aterro sanitário disposto a recebê-los. Os 10 mil quilômetros de viagem subindo e descendo a costa atlântica foram inúteis: na verdade, o lixo foi rejeitado por cinco estados dos EUA e três Estados estrangeiros (Carolina do Norte, Louisiana, Alabama, Mississippi, Flórida, México, Belize e Bahamas). O lixo regressou no dia 16 de maio, após cerca de quatro meses, a Nova York, onde permaneceu ancorado ao largo do porto da cidade de Long Island à espera de que as autoridades decidissem seu destino final. De acordo com um plano elaborado posteriormente, os resíduos já pútridos foram queimados num incinerador do Brooklyn durante uma intervenção de 10 dias que produziu cerca de 400 toneladas de cinzas que foram enterradas em Islip, onde toda a história começou.

Para Lynch (1991), o residual, o declínio e a morte estão relacionados em nossa mente. Segundo ele, a dissipação e a perda são o lado obscuro da mudança e indicam a existência de uma pornografia do residual, semelhante à pornografia do sexo e da morte. O acúmulo de resíduos sólidos e a contaminação cada vez maior do ar e da água nos preocupam. Não podemos eliminar nenhum deles facilmente: nossos antigos venenos voltam para nós.

O desperdício é uma parte inevitável do nosso estar no mundo, nossa contrapartida metafórica, e, por isso, lembra-nos duramente do que realmente somos e seremos. Talvez esse seja um convite para refletirmos e repensarmos nossa ligação com a morte, e não com a vida que gostaríamos de viver cada vez mais, continuando a aprofundar e a reutilizar nosso conhecimento do mundo, conhecimento esse que hoje destrói o ambiente que nos sustenta (Scanlan, 2005).

Freud demonstrou preocupação com a degradação ambiental e atenção ao cuidado e ao descarte de resíduos e aos efeitos das emissões químicas e de calor dos grandes centros urbanos. Provavelmente foi influenciado pelas conceituações de um dos pioneiros da pesquisa ecológica, seu paciente inglês em 1922-1923, Arthur Tansley, que cunhou o termo "ecossistema" para reconhecer a integração da comunidade biótica com seu ambiente físico como uma unidade fundamental da ecologia, dentro de uma hierarquia de sistemas físicos que abrange desde o átomo até o universo.

Em "O ego e o id", Freud (1923) escreve:

> *Mas como o trabalho de sublimação do ego resulta em desfusão dos instintos e em libertação dos instintos agressivos no superego, sua luta contra a libido o expõe ao perigo de maus-tratos e de morte. Ao sofrer sob os ataques do superego ou talvez até sucumbir a eles, o ego encontra um destino como o dos protistas, que são destruídos pelos produtos da decomposição que eles próprios criaram. Do ponto de vista econômico, a moralidade que funciona no superego parece um produto de decomposição semelhante. (pp. 56-57)*

O desperdício é outro lado das culturas consumistas, nas quais os bens são objetos de desejo e prazer no presente. Tendemos a esconder o desperdício para não discutir nossa ideia de natureza distante e socialmente controlada.

Muitos céticos em relação às mudanças climáticas têm uma atitude maliciosamente pervertida em relação à quantidade de resíduos que produzem, como se produzir muitos resíduos fosse uma razão para não acreditarem ou não considerarem essas questões. Para esses céticos, evacuar é um prazer, mas um prazer vergonhoso que devemos desfrutar no privado e nunca nomear.

Entre todas as criaturas vivas, os seres humanos são os que produzem mais resíduos. São vítimas inocentes usadas de forma nobre ou ignóbil. Tudo parece convergir para um estado de desperdício a ponto de ficarmos literalmente rodeados por ele: detritos de antigos satélites e outros dispositivos orbitam o espaço acima da Terra.

Calvino (1972/1974) descreve a cidade de Leonia, cujos cidadãos jogam fora coisas velhas e as substituem por novas todos os dias. A consequência desse comportamento é a produção de uma montanha de resíduos que corre o risco de tomar conta da cidade. Ele escreve que nas calçadas, envoltos em sacos plásticos imaculados, os restos da Leonia de ontem aguardam o caminhão de lixo. Não existem apenas tubos espremidos de pasta de dente, lâmpadas queimadas, jornais, recipientes, embalagens, mas também caldeiras, enciclopédias, pianos, aparelhos de jantar de porcelana.

A gestão dos nossos resíduos, especialmente resíduos tóxicos, afeta profundamente tudo em nós, dos nossos sentimentos à nossa saúde e à nossa vida cotidiana, e nos faz questionar nossa própria sobrevivência. Não podemos mais ignorar nossos resíduos, não podemos enviá-los para um país do Terceiro Mundo ou enterrá-los em locais profundos e remotos, porque eles voltam para nos atormentar (Southworth, 1990). Consideremos, por exemplo, a criação de aterros ilegais em nossos quintais, envenenando o próprio ambiente em que vivem com as suas famílias os criminosos que constroem esses aterros. Marco Sarno (2016) refere-se a crimes contra a Mãe Terra, com uma destruição paralela do ambiente interno e externo. A Mãe Terra sendo estuprada em nome da ganância tem suas raízes na máfia e na ignorância. Exemplo disso é o que aconteceu na chamada terra dos fogos.[3] Os resíduos eliminados de forma fraudulenta com métodos ilegais surgem novamente em termos de decomposição e doenças exatamente por meio da queima de resíduos e das suas liberações tóxicas.

Paul Hoggett (2013) ressalta que a ganância passou a ter valor positivo, não negativo. Ter o que queremos e tê-lo agora preenche um vazio interno que não é preenchido com amor, compreensão e crescimento pessoal. Ele lamenta o declínio de todo tipo de autoridade que poderia limitar nossos desejos de onipotência.

Felizmente, nos últimos anos começamos a ver exemplos promissores de recuperação paisagística de áreas utilizadas como aterros sanitários. Um exemplo é o aterro Vall d'en Joan, dentro do Parque Natural do Garraf, na Espanha. Em 1974, começou a servir de depósito para a maior parte dos resíduos da área metropolitana de Barcelona. Graças a uma complexa intervenção multidisciplinar iniciada em 2002, a área foi transformada num grande parque

---

3 A expressão "terra dos fogos" recebe o nome do relatório *Ecomáfia* de 2003, produzido pela Legambiente (ver http://www.amblav.it/Download/Legambiente-Rapporto_Ecomafia2003.pdf). Roberto Saviano (2006) utilizou então o termo em seu livro *Gomorra*. Refere-se a uma vasta área entre as províncias de Nápoles e Caserta em que o crime organizado (a *camorra*, nesse caso) gere e elimina ilegalmente resíduos tóxicos provenientes de toda a Itália, enterrando-os em aterros ilegais e queimando-os, prejudicando gravemente a agricultura, o ambiente e a saúde dos moradores. Para esses moradores, existe elevado risco de mortalidade e doenças graves como câncer de mama, asma, leucemia e anomalias congênitas.

público com terraços cultivados, zonas arborizadas, campos agrícolas e trilhas naturais.

Vinheta clínica – Loredana, a bióloga imunda

Loredana, uma bióloga de 32 anos, inicia uma análise em virtude de sua tendência de romper relacionamentos amorosos com homens quando eles fazem investidas sexuais. Depois de alguns meses em que fala principalmente do seu desgosto pelos homens "que só pensam naquilo" e que ela sempre recusa, traz para a sessão uma vaga e confusa memória da infância. Tinha 8 anos e morava com os pais em um pequeno vilarejo na Calábria, região do sul da Itália. A mãe a mandou comprar pão na padaria: "É possível que, após ter me dado um doce, o padeiro tenha abaixado minha calcinha e tocado minhas partes íntimas. Voltei para casa totalmente chocada e contei tudo para minha mãe. Mas minha mãe não acreditou, disse que não aconteceu nada, que eu inventei tudo e não precisava mais pensar nisso. Mesmo assim, a partir daquele dia, meus pais não me mandaram mais à padaria. Não sei dizer se essa história é verdadeira, quer dizer, se foi real ou inventada, como dizia minha mãe. Meu problema é não saber o que realmente aconteceu".

Para protegê-la de reviver o trauma da sedução, a mãe submeteu-a ao trauma de lhe tirar o senso da realidade. Como não estava disposta a aceitar seu conflito confuso, ficou impedida de qualquer processo de elaboração.

Um dos sintomas mais evidentes de Loredana é a dificuldade de separar resíduos e colocá-los nos recipientes apropriados. Embora seja bióloga e esteja racional e cientificamente convencida do valor ecológico da reciclagem, quando precisa lidar com resíduos, não consegue fazer um investimento simbólico, representando a transformação útil dos resíduos. Até justifica seu comportamento definindo-o como anti-ideológico e em oposição às ambições ecológicas dos comportamentos da moda não baseados no conhecimento científico.

Apenas quando os aspectos mais confusos e culpados da sua memória da sedução do padeiro começam a se desvendar ela começa a ser capaz de diferenciar em sua mente o que é mau do que é bom. Isso marca o início de uma possível transformação simbólica do lixo em algo útil e novo por meio da reciclagem. Quando ela começa a diminuir a confusão e a separar a mãe boa e carinhosa da mãe má, que foi incapaz de ouvir sua história traumática e de tolerar sua verdade atormentada, nomeando-a como fantasia infantil, Loredana deixa de ser a pequena criminosa imunda e passa a reciclar e, assim, separar papel, plástico, metal e vidro, permitindo a transformação dentro e fora, o que abre novos espaços em sua vida mental e favorece uma nova possibilidade de reaproveitar o que aconteceu, de reparar e também de usar o mundo (Lynch, 1991). Pôde encontrar novas possibilidades de transformação para as coisas que destruiu de forma confusa, embora ideologicamente justificada.

Vinheta clínica – Antonio, o cirurgião hiper-reciclador

Antonio é um cirurgião plástico conhecido por ser preciso e capaz de controlar todas as etapas das cirurgias no centro cirúrgico. Ele não só controla escrupulosamente seus próprios gestos e manobras, como também exerce controle rigoroso sobre cada membro de sua equipe, mesmo quando não opera diretamente. Pede-me uma consulta pois não consegue explicar por que sua mão começou a tremer e hesitar na sala de cirurgia, não mais tão firme e decidida como deveria ser a de um bom cirurgião. Sente em seu íntimo uma preocupação, até mesmo uma sensação de terror, de poder machucar seus pacientes. Em casa, é tão meticuloso na separação do lixo que parece fanático. Seu rito é evidentemente obsessivo: ordenar o que vai para o recipiente geral de resíduos recicláveis. Antonio exige que sua esposa e seus filhos participem desse rito e culpa-os com dureza pelo menor erro. Os recipientes são muito mais numerosos do que os normalmente fornecidos às famílias. Além disso, são numerados e têm cores diferentes. Para Antonio, a triagem dos resíduos não deve ser feita em termos do tipo de resíduo,[4] mas também da dimensão de um único resíduo. Em casa Antonio se comporta como um policial que deve controlar o trânsito do lixo. Com o tempo, essa se torna sua principal atividade quando não está no trabalho.[5] Quando Antonio começa a sentir as mãos tremerem na sala de cirurgia, começa a atenuar e a perder o rígido e sagrado controle sobre os resíduos. O que sua família inicialmente considera um milagre, o fim dos aborrecimentos de Antonio, torna-se motivo de preocupação porque a atitude e o comportamento de Antonio mudam radicalmente e ninguém consegue compreender o porquê. Sem as roupas rituais, joga lixo na rua,[6] não se interessa mais por sua triagem perfeccionista e parece cada vez mais apático e indiferente. A crise com o surgimento dos tremores na sala de cirurgia e o medo de machucar involuntariamente seus pacientes parecem estar ligados aos sentimentos inesperados de Antonio em relação à sua vida pessoal. Até então, Antonio reprimia esses sentimentos em seu espaço mental e se

4 Em comparação com a reciclagem necessária, Antonio e sua família separam vários tipos de metal e tecido.

5 Em *Submundo*, Don DeLillo (1997) descreve para seus personagens algo semelhante ao processo de classificação e reciclagem. Em casa, separavam os resíduos em vidros, latas e produtos de papel. Depois separavam vidro transparente e vidro colorido. Depois separavam estanho e alumínio. Separavam embalagens de plástico sem tampa apenas às terças-feiras. Incluir o lixo em recipientes separados para reciclagem constitui uma forma especializada de exclusão e repressão na esfera doméstica.

6 "... nos indignamos e chamamos de 'barbárico' (o oposto de civilizado) quando encontramos os caminhos dos Bosques de Viena sujos com papéis" (Freud, 1930, p. 93).

identificava de forma concreta e exata com algo que ele conseguia separar e expulsar nos diversos recipientes de reciclagem. O surgimento desses sentimentos inesperados subverte sua existência de segurança e rotina, uma existência segura e repetitiva baseada em enorme cisão. O evento que provoca esses sentimentos é a relação sexual com uma jovem assistente de cirurgia. Até aquele momento, Antonio tinha conseguido gerir essa relação de forma clandestina e complementar à sua relação conjugal estável, mas empobrecida sentimental e sexualmente. A transformação de uma relação sexual clandestina e controlada de maneira rigorosa em relação íntima profundamente envolvente põe fim a uma vida regulada com precisão cronométrica. Desaparece o limite que diferencia ordem de desordem. Antonio sente-se inseguro e desamparado, não pode mais contar com sua rígida separação. A situação prejudica suas competências profissionais, bem como sua triagem de resíduos muito controlada e meticulosa. Nesse caso, a passagem da separação do lixo para a não separação do lixo e os tremores na sala de cirurgia são sinais de uma crise de identidade pessoal, uma identidade que corre o risco de perder seus limites e sofre com a sensação de catástrofe iminente. Na relação analítica, Antonio e eu trabalhamos para considerar esses sentimentos inesperados como força vital, como o aparecimento de características existenciais que abrandam o enorme esforço econômico exigido pelo controle perfeito. Consideramos que esses sentimentos não devem ser considerados necessariamente destrutivos. Esse trabalho permitiu a Antonio entrar em contato com o medo, a sujeira, a desordem, o conflito entre segurança e paixão, sentir-se "mais humano" e não "máquina", sem precisar elaborar ritos obsessivos exaustivos e extremamente complexos, mas aceitando limitações e compaixão.

Vinheta clínica – Bruna, a professora consumista

Bruna tem 36 anos e leciona história e filosofia em um prestigiado colégio clássico da cidade. Ao vir para a primeira sessão, está acima do peso e usa roupas surradas. A falta de cuidado pessoal contrasta com seu discurso elegante e fluido, um discurso por vezes requintado, e com sua elevada formação cultural.

Conta ser a segunda filha de um casal rico que se casou bastante tarde, quando ambos tinham cerca de 40 anos. Aos 8 meses, o primogênito, seu irmão Bruno, morreu de difteria. Exatamente um ano após a morte dele, ela nasceu. Seus pais lhe deram o mesmo nome do irmão falecido e não tiveram outros filhos. Eram superprotetores, temiam que ela também morresse e atribuíam a ela as características físicas, espirituais e intelectuais que teriam desejado para o irmão morto, tornando-a uma substituta (*revenant*)[7] do filho morto (Kestenberg, 1989; Jucovy, 1992). Agasalharam-na mais do que o necessário e mantiveram-na em casa o máximo possível para não adoecer. O excesso de agasalhos substituiu o calor emocional que seus pais dedicavam à memória do irmão falecido.

Ela só precisava estudar e comer muito. Foi uma criança linda e uma menina bonita, mas engordou e não cuidou da aparência física nem da feminilidade. O medo de contrair doenças que seus pais lhe incutiram tornou-se medo de contrair doenças sexualmente transmissíveis. Quando se sentia fisicamente atraída por um menino, rompia o relacionamento antes de qualquer contato físico. Disse que era virgem e sofria por isso. Bruna conta em termos absolutamente egossintônicos seu costume de fazer compras em grandes supermercados atacadistas, comprando quantidades enormes dos mesmos produtos. Conta-me que não pode ficar sem comprar e descreve uma espécie de transe semelhante ao estado hipnótico

---

7 Os *revenants*, ou crianças-substitutas, eram comuns em famílias judias sobreviventes do Holocausto, recebendo o nome do parente morto.

descrito por Breuer e Freud (1893).[8] Quando os produtos que compra (alimentos, detergentes, sabonetes, loções corporais etc.) expiram (o que acontece muitas vezes pelas grandes quantidades compradas), Bruna separa escrupulosamente os diversos conteúdos das embalagens para jogá-los nos recipientes adequados para recolhimento seletivo de resíduos.

Rust (2008) sugere que o aumento do consumo compulsivo poderia ser um meio de obscurecer os efeitos ecológicos do próprio consumo compulsivo, levando a outro ciclo vicioso, especialmente porque não existe ligação estrita e direta entre os bens de consumo e as pessoas que os produzem, os lugares, as formas de exploração da produção, que permanecem abstratos e distantes. Para ela, a principal causa da nossa crise (o consumo excessivo) tornou-se nosso paliativo, acalmando nossas angústias em relação aos danos que estamos causando ao mundo.

Magnenat (2019b) postula que tomar consciência dessas conexões significa assumir uma forma de pensar semelhante à que a criança precisa assumir para sobreviver. A criança precisa conseguir representar a mãe quando esta estiver ausente e, assim, fazer uma abstração semelhante à descoberta da função paterna na situação edipiana.

Randall (2005, 2009) oferece uma análise clara e sincera da ligação entre angústia ambiental, consumismo e compras compulsivas. Enaltece o papel da psicoterapia no tratamento de mecanismos de defesa como evitação e negação, ao ajudar a reconhecer perdas, dar apoio ao trabalho do luto na base de cada mudança de atitude e nomear o medo e as angústias.

---

8 "Esses estados compartilham uma característica comum entre si e com a hipnose, por mais que possam diferir em outros aspectos: as ideias que neles surgem são muito intensas, mas estão isoladas da comunicação associativa com o restante do conteúdo do consciência" (Breuer & Freud, 1893, p. 12).

Bruna diz que gosta de jogar fora produtos vencidos. Mostra uma cisão completa entre a destrutividade da grande quantidade de líquidos extremamente poluentes (detergentes e xampus) que despeja no ralo e a forma de coletar escrupulosamente papel, metal e vidro. Parece não reconhecer que seu comportamento consumista, apesar de estar enraizado na busca de uma segurança saturada, contribui de forma irreparável para o aumento da quantidade de resíduos.[9]

Um dos fundadores da ecopsicologia, Theodore Roszak (2009), salienta que o consumismo está ligado à derrota da depressão e à sensação de ter mais controle sobre a própria vida, na hora de decidir o que e quanto comprar. Pode constituir-se como uma forma de enfrentar o fim de um relacionamento ou mais uma forma de garantir uma experiência que preencha temporariamente o vazio interno.

No caso de Bruna, formulo a hipótese de uma ligação entre a grande quantidade de comida que seus pais lhe deram após a morte de seu irmão, por medo de perdê-la, e suas compras compulsivas de enormes quantidades de bens. Acredito que também haja uma ligação entre a dificuldade dela de ter relações sexuais por medo de contágio e o desperdício dos muitos produtos que compra. A falta de cuidado consigo própria contrasta com a preocupação com a reciclagem dos produtos que compra em excesso. Apenas quando consegue aproximar-se da transposição inconsciente interna do trauma de seus pais pela morte do filho por meio de ações muito cuidadosas; apenas quando é capaz de reconhecer as angústias de seus traumas infantis e os sentimentos relacionados de desespero,

9 O consumismo não nos permite usufruir do que já possuímos e nos obriga a desejar sempre o que não possuímos. Um slogan famoso dos movimentos ambientalistas da década de 1970 era "Compre, consuma, morra". Hoje pode ser reconsiderado para mostrar a ligação entre o consumo de bens e o consumo de recursos naturais.

vergonha, isolamento e raiva inútil; só então Bruna acredita que pode sair do mundo dos mortos, reconhecer suas necessidades e cuidar de seu corpo feminino, corpo que pode se tornar objeto de investimento afetivo. Em nível comportamental, isso significa perder peso, maquiar-se e usar roupas melhores. Dolorosamente, ela toma consciência da culpa que seus pais projetaram nela por algo que deveriam ter evitado, mas não evitaram.

Assim, Bruna começa a viver uma sensação de liberdade da frustração, um crescimento em termos de autonomia, mas também de inveja, ressentimento e ciúme, sentimentos que ela encobria sob uma espécie de reparação onipotente. Essas emoções e esses sentimentos irrompem de forma menos confusa: até aquele momento, estavam congelados pela identificação com o irmão falecido. Agora lhe permitem um primeiro caminho rumo à vida, rumo a relações românticas e sexuais que não podem ser desperdiçadas, rumo a um mundo vivo e vibrante com o qual entrar em contato de forma autêntica e destemida.

6. Desperdício

Desperdício de água

A água pode ser "boa" ou "ruim", poluída ou pura, benéfica, preciosa. Quando não pode ser bebida e não existem sistemas de esgoto, como em algumas áreas da África e da Ásia, a água pode ser contaminada por fezes e, portanto, por vírus, bactérias e parasitas. A água pode ser um inimigo mortal. Lavar as mãos é um gesto simples que pode salvar nossas vidas. Os Centros de Controle e Prevenção de Doenças, a agência de proteção da saúde dos Estados Unidos, consideram a limpeza das mãos o fator mais importante na prevenção da propagação de agentes patogênicos e na redução da resistência aos antibióticos nas estruturas de saúde.

Estudos antropológicos transculturais sobre o papel do nojo (Curtis, 2011) demonstram que essa emoção está enraizada na nossa recusa em incorporar por via oral objetos nocivos. Valerie Curtis (2013) formula a hipótese de que a repulsa tem sua origem na evitação de parasitas. As mulheres tendem a ter um limiar de repulsa mais baixo do que os homens. Esse é especialmente o caso de mulheres grávidas, que devem proteger-se de infecções e doenças mais do que as outras.

A complexidade da vida emocional e social tornou a repulsa mais ampla e desvinculada do seu papel preventivo original. Hoje é uma emoção que provoca comportamentos de recusa em relação a objetos ou substâncias consideradas perigosas (Miller, 1986, 1993).

Em sua tese universitária, Karl Marx (1841) argumenta que a repulsa é a primeira forma de autoconsciência, já que a função da repulsa é preservar o *self*.

Ao longo de sua obra, Freud observa que a repulsa é uma formação reativa não apenas aos desejos genitais, mas também a alguns impulsos sexuais infantis, como a coprofilia, demonstrando que os investimentos na libido sexual podem converter-se em repulsa porque o sexo é sentido como sujo e poluente.

É fundamental para a nossa saúde e a nossa sobrevivência proteger-nos dos agentes patogênicos. De acordo com Foucault (1984/1986), na Grécia Antiga uma existência razoável não poderia desenvolver-se sem um enquadramento para a "prática saudável" (*hugieinē pragmateia* ou *technē*), elemento permanente da vida cotidiana. Esse enquadramento permitia saber a cada momento o que fazer e como fazer. Essa prática necessitava de uma percepção médica do mundo, ou ao menos do espaço e das circunstâncias em que a pessoa vivia. No mesmo livro, Foucault também descreve a introversão obsessiva e a atenção excessiva à ideia de higiene purificadora, que seduziu as elites da era pós-clássica e tornou-se norma de vida ideal e difundida.

Porém, hoje assistimos ao triunfo do excesso de higiene, uma espécie de rupofobia. De forma consumista e fetichista, isso prescreve aparência, estética e narcisismo. A publicidade de cosméticos e produtos de higiene pessoal e doméstica concentra-se em como a aparência estética pode influenciar positivamente nossas relações sociais. Paralelamente à aparência e à busca por um status social imediatamente reconhecível, a publicidade promove o consumo excessivo de água. A Itália lidera a maioria dos países no consumo de água: cada cidadão italiano consome cerca de 245 litros de água potável por dia, segundo o Instituto Nacional de Estatística da Itália.

Estamos tão convencidos da falsidade de que a água potável, um bem benéfico e necessário, é ilimitada, e ainda assim a usamos em excesso. Somos tão influenciados pelas campanhas de limpeza absoluta conduzidas pela mídia que corremos o risco de nos tornarmos rupofóbicos,[1] com medo de sujar alguma coisa, de mostrar a sujeira, de revelar as coisas ruins que temos dentro de nós, mas também de sermos contaminados pelo contato com outras pessoas, com pessoas diferentes de nós.

A água é um bem precioso e esgotável que deve ser protegido com sabedoria para poder ser suficiente para toda a população mundial, especialmente nas estações secas que ocorrem frequentemente nas zonas mediterrâneas em virtude da falta de chuvas.

Não abrimos e fechamos torneiras de acordo com nossas reais necessidades. O que representa o estilo de vida ocidental senão escovar os dentes, dar descarga,[2] tomar banho sempre que queremos, ligar máquinas de lavar e lava-louças meio vazias apenas para limpar poucas coisas? Tudo tende ao desperdício de um bem escasso não só em outras zonas do mundo, mas também em alguns países ocidentais, ao menos em alguns períodos.

Quando eu era um jovem médico me especializando em psiquiatria, trabalhei em uma escola como médico. Descobri que os

---

1 "Rupofobia" e "misofobia" definem o medo de entrar em contato com sujeira e, assim, ser contaminado por germes. Esse medo leva a pessoa a assumir medidas preventivas exageradas e obsessivas na higiene pessoal e doméstica. "Afefobia" define a repulsa de entrar em contato com certos objetos, como cabelos.

2 Em 2006, Ken Livingstone, então prefeito de Londres, sugeriu aos cidadãos que não dessem descarga toda vez que urinassem.

pais tinham tanto medo de encontrar ovos de piolhos nos cabelos dos filhos que os obrigavam a tomar banho e a lavar a cabeça diariamente, numa espécie de ritual. O efeito foi uma síndrome de Munchausen por procuração,[3] uma rupofobia adquirida por um mecanismo de identificação. A aspereza dos produtos capilares e a limpeza excessiva, sugerida por um antigo anúncio de televisão, causavam desidratação, coceira e eritema, às vezes seborreia reativa.

O problema não é o progresso. O progresso nos trouxe sistemas de drenagem, aquedutos estanques, pasteurização, vacinas, desinfetantes e detergentes, a redução drástica de doenças infecciosas. Mas o outro lado do progresso é a sua perversão consumista.

Para Stefano Mistura (2001), a aparência prevalece sobre a realidade porque a relação com o objeto substituto, ou seja, o fetiche, precede e não permite nenhuma relação com seres reais. Estamos rodeados de fetiches, objetos aos quais atribuímos qualidades que eles não possuem *per se* e que, por causa dessas qualidades, parecem diferentes do que realmente são. Os objetos inertes assumem forma viva e, graças ao seu poder fascinante, prevalecem sobre as pessoas, que aos poucos perdem a vitalidade dos seus corpos e se enrijecem, tornando-se meras coisas. O shopping moderno é um exemplo paradigmático do grande poder dos objetos: o mero olhar sobre a universalidade dos bens aniquila progressivamente a vontade individual e atrofia a capacidade de reflexão de uma pessoa.

No romance *$29,99*, de Frédéric Beigbeder (2000/2002), o personagem principal (um publicitário como o autor) diz que, em sua profissão, ninguém deseja a felicidade das pessoas, pois pessoas felizes não consomem.

---

3 Síndrome de Munchausen por procuração é um transtorno mental em que os pais (geralmente, as mães) atraem atenção ao criar ou causar doenças em seus filhos. O DSM-5 (APA, 2013) a inclui na categoria de "transtornos fictícios", mais exatamente como "transtorno fictício imposto a outra pessoa".

Freud (1930) escreve: "Qualquer tipo de sujeira nos parece incompatível com a civilização. Ampliamos nossa exigência de limpeza também ao corpo humano. . . . Na verdade, não nos surpreende a ideia de estabelecer o uso do sabão como um verdadeiro parâmetro de civilização" (p. 93).

Por um lado, é correto nos protegermos de infecções e doenças e evitar escapar a um catastrofismo antimodernista que nega o passado e a miríade de descobertas científicas e tecnológicas que melhoraram a condição humana ao longo do tempo. Por outro, é fundamental desfrutar do progresso, mas evitar o excesso, o desperdício, e recusar as atitudes culturais que promovem a aparência e a superficialidade, deixando de lado valor e autenticidade.

O consumo excessivo e o desperdício de água são determinados também por muitos outros fatores, como a indústria, a agricultura, a pecuária industrial, os sistemas de esgotos urbanos, nos quais é crucial intervir. Da mesma forma, uma mudança radical em nossos hábitos e nosso estilo de vida ajudaria a restaurar o equilíbrio ecológico.

Jun'ichirō Tanizaki (1933/1977) escreve que não devemos temer a sujeira ao menos porque não é incomum que a beleza em certos objetos dependa parcialmente de sua oleosidade ou sordidez.

Lynch (1991) oferece uma perspectiva diferente. Os animais passam muito tempo organizando e limpando seus ninhos. Entre os animais sociais, esse comportamento básico envolve paz, cortejo ou laços sociais. Da mesma forma, um bom número de seres humanos passa o tempo limpando – lavando o corpo, a comida e as roupas, arrumando suas casas, isto é, limpando a si mesmos e ao ambiente. Algumas dessas atividades tornaram-se símbolos sociais, por vezes até rituais religiosos de purificação. A eliminação de resíduos pode ser vista como uma ação degradante, especialmente se constituir a atividade principal de uma pessoa. Não obstante, o ato de limpar (separar o lixo do que é bom) pode ser respeitável e até prazeroso. Nesse caso, um exemplo é o banho.

Evidentemente, não quero exaltar as virtudes da sujeira. Mas pondero que seja necessário repensar nosso conceito de higiene, conceito que, quando exagerado, pode ser considerado como o modesto enteado da moralidade (Salomé, 1958/1987). Precisamos avaliar as características neuróticas e defensivas da higiene, a fim de salvaguardar suas características agradáveis e saudáveis. Lutar contra a sujeira do lar e do corpo sempre foi uma tarefa diária, mesmo quando morávamos em cavernas. É um aspecto que compartilhamos com os demais animais, que retiram restos e excrementos de tocas e ninhos. Os felinos lambem para se lavar. Os elefantes usam sua tromba para tomar banho. Os pássaros dedicam uma quantidade considerável de tempo para molhar e alisar as penas. Os chimpanzés limpam os pelos uns dos outros, um comportamento conhecido como asseio: calcula-se que passem um quinto das suas vidas dessa maneira.

A antropóloga Virginia Smith (2018) nos lembra que, desde os tempos pré-históricos, o ser humano vem removendo resíduos e materiais fétidos, controlando tanto o seu aspecto quanto o seu cheiro, demonstrando uma necessidade instintiva de se sentir limpo.

Dito isso, devemos evidenciar aquelas aberrações consumistas que, segundo uma perspectiva ideológica e comercial, pervertem e interpretam mal o conceito original de higiene.

Vinheta clínica – Noli me tangere *(Não me toque)*

Quando vem para a sessão, Delia está sempre irrepreensível. Antes de sair de casa, toma banho, troca de roupa e usa bastante perfume. Não pretende vir ao meu encontro suja e desarrumada. Ao pendurar o casaco no cabide, Delia tem o cuidado de colocá-lo sobre as roupas já penduradas e, antes de entrar no consultório, vai ao banheiro lavar as mãos.[4] Uma vez no consultório, ela aperta minha mão quase de passagem, uma mão rachada e estragada pela lavagem excessiva, como se quisesse evitar qualquer ritual que implique contato corporal. Quando ela se deita, evita habilmente colocar os sapatos no tapete na ponta do divã, escorregando de modo desajeitado para deixar os pés pendurados para fora.

Delia vem de uma família que define como "alternativa" e "hippie". Seus pais costumavam andar nus pela casa e deixar as portas abertas, até mesmo a do banheiro. Para eles, a privacidade não tinha valor em nome de um ideal libertário e comunitário que Delia não conseguia aceitar. Sentia-se confusa, mas também irritada com o que define como uma desordem cósmica, pois não conseguia ter um lugar só dela mesmo nos momentos mais íntimos.

Antes de me conhecer, Delia fez algumas sessões com uma psicoterapeuta que lhe pedia para se deitar em um sofá comum. Ela encerrou a terapia depois de um tempo porque muitas vezes fantasiava que seu terapeuta tomava café, com convidados, naquele sofá. Ou seja, ela não achava possível que aquele sofá proporcionasse aquele lugar permanente, privado e só para ela conforme desejava. Queria um lugar com uma função exata. Além disso, sentia nojo de pensar que precisava colocar a cabeça onde estranhos tinham colocado o traseiro.

Desde o início da universidade, começou a suar profusamente nas mãos e a sentir ânsias de vômito quando estava em locais públicos ou desconhecidos. Assim, passou a evitar as casas de outras pessoas, cafés, cinemas e salas de aula.

---

4 Breuer e Freud (1893-1895) escrevem: "Algumas observações nos levam a acreditar que o medo de tocar, ou, mais propriamente, o medo de se sujar, que obriga as mulheres a continuarem lavando as mãos o tempo todo, muitas vezes tem essa derivação. Sua lavagem é derivada do mesmo processo mental de Lady Macbeth [Macbeth, "Vá buscar um pouco de água / E lave essa testemunha imunda de sua mão" (2.2.60-61)]" (p. 245n).

"Às vezes, porém, circunstâncias simultâneas provocam um fenômeno somático anormal no qual se descarrega a excitação. Assim, pode haver vômitos onde a sensação de impureza produz a sensação física de náusea" (Breuer & Freud, 1893-1895, p. 210).

Sente-se muito angustiada com a simples ideia de que as pessoas vejam suas mãos suadas quando está fora de casa – ao cumprimentá-la com um aperto de mão, como é comum nas relações sociais – ou seu rosto quando tenta controlar o impulso de vomitar. Sente-se também envergonhada, o que torna uma espécie de agonia qualquer atividade social potencialmente agradável. Quando sai, pede ao pai para levá-la de carro e sempre controla a distância que precisa percorrer para evitar encontros considerados perigosos, caso precise apertar a mão para se apresentar ou cumprimentar alguém. Seu medo de hiperidrose e vômito se dissipa quando chega em casa, que define como sua "concha", e não tem motivos para sair.

Sofre muito pela impossibilidade do simples contato físico com outras pessoas. Ao longo dos anos, nenhum dos muitos exames médicos a que se submeteu revelou patologia orgânica ou corporal. No entanto, as respostas dos médicos não satisfazem a Delia, que deposita as suas esperanças numa doença física para explicar sua situação. Por um lado, desconfia de uma causa psicológica para suas dificuldades; por outro, busca minha ajuda porque não tem muitas alternativas e não permitiria que seus problemas estragassem uma relação amorosa significativa.

Delia teme que seu relacionamento não dure por causa de suas mãos suadas e de sua preocupação com vômitos. Tem medo tanto da possibilidade de contato quanto da impossibilidade de contato. Diz que o namorado é carinhoso e respeitoso, mas, ao mesmo tempo, define-o como superficial e desdenhoso. Na verdade, ele tende a minimizar cada desconforto que ela sente ou cada reflexão que propõe, parece incapaz de lhes atribuir qualquer caráter emocional.

> *Ele não parece capaz de compreender totalmente minhas dificuldades. Minimiza e subestima não só as minhas dificuldades, mas também as dele. O mesmo acontecia com meu pai, que, quando tinha que enfrentar uma situação difícil, sempre dizia que não era nada. Para o meu namorado minhas mãos suadas não são problema: ele as pega, aperta, acaricia com ternura. Mas não me tranquiliza: não entende que sofro, sinto-me suja e preciso procurar um lugar para lavar as mãos e tirar a oleosidade da pele.*

Delia teme cada aproximação como insistente e intrusiva e teme sujar-se no contato com outras pessoas, que provocam sua ânsia de vômito, e com a oleosidade de seu mundo interno, por isso lava as mãos muitas vezes ao dia e toma muitos banhos com sabonetes perfumados. Esse ritual é extremamente sofisticado: após o banho de chuveiro, Delia toma banho de banheira. Isso porque no chuveiro ela evita ver a sujeira que pode boiar na banheira. Os chuveiros consomem menos água que as banheiras. Isso não é um problema para Delia: chuveiro mais banheira, ela precisa purificar-se, não ver e sentir o cheiro da sujeira, ao contrário do Rei Sol, a respeito de quem "ficamos espantados ao saber do cheiro desagradável que emanava" (Freud, 1930, p. 93).

Enriquecendo as notas de Ferenczi (1928/1994), que definiu o sentido do tato como capacidade de empatia, Glauco Carloni (1984) destaca que, assim como sentimos e vivenciamos com o tato físico, com o tato psíquico (que usa todos os cinco sentidos além desse sexto que denominamos "empatia"), observamos, sentimos e estudamos a disposição do outro, estruturada e influenciada por sua vulnerabilidade.

Delia passa lentamente da dificuldade de ser abordada, mesmo com delicadeza, e de mostrar sua necessidade de dependência, o que poderia expô-la a intrusões sádicas, para a possibilidade de confiar em mim, de sentir que tem um lugar só dela no consultório, em que possa ser tocada com empatia, mas sem nenhum tipo de excitação, tocada por meio de palavras que ao mesmo tempo comovem a ela e a mim. As palavras são como música, agem sobre seus sentimentos e provocam sensações corporais. Ao utilizar uma linguagem corporificada na relação analítica (Quinodoz, 2002/2003), Delia pode ser aceita como realmente é, sem recorrer a contatos mais sofisticados e menos valorizados.

Luce Irigaray (2011) promove uma nova forma de conhecer, capaz de considerar a relevância do toque na constituição da nossa individuação pessoal e nas relações com os outros.

Delia sente que nossos encontros permitem a aceitação de suas mãos suadas e do impulso de vomitar e seu reconhecimento como representações cognitivas e emocionais das suas dificuldades: não podem ser negados ou subestimados de modo paternalista como um problema insignificante ou irrelevante. Isso permite a Delia começar a contar os repetidos abusos sexuais que seu tio cometeu contra ela quando era adolescente.

Seu tio era muito respeitado na família, principalmente por seu pai, que o considerava um modelo ético de virtude. Durante sua adolescência, o tio entrava no quarto de Delia e a obrigava a acariciar seu pênis até ejacular em seu rosto. Então ele lambia o esperma do rosto dela e a beijava voluptuosamente. Delia relata com constrangimento que naquele momento ela sorria: para conseguir resistir ao nojo e ao medo, passou a usar a fantasia de uma marionete desajeitada e rachada para representar aquele pênis ejaculando.

Falar pela primeira vez de seu trauma sem as minimizações de seu pai (que ela vivencia como irresponsável e incapaz de protegê-la do trauma sedutor) nos permite conectar aos poucos suas ânsias de vômito a esses acontecimentos dolorosos e à angústia de ser sujada e lambida (como uma cadela, ela diz). Ligamos o suor de suas mãos ao medo de que seu mundo interno (que ela vivenciava como imundo e ignóbil) possa emergir e infectar outras pessoas, mas também de que outros possam sujá-la e infectá-la, como ocorreu durante o abuso sexual.

Em "Inibição, sintomas e angústia", Freud (1926) escreve: "o sintoma defensivo de nojo . . . surgindo originalmente como uma reação adiada à vivência de um ato sexual passivo, aparece mais tarde sempre que a ideia desse ato se apresenta" (p. 88).

Delia relata que está muito feliz por ter reduzido o número de duchas, banhos e lavagens de mãos e por poder apertar minha mão quando entra e sai do consultório. Diz que continua um pouco desconfiada ao fazê-lo, mas não sente mais vergonha e nojo.

O caso de Delia demonstra que o estilo de vida individual, aqui caracterizado pelo uso excessivo de água, pode depender de experiências pessoais afetivas, fantasmáticas e dolorosas e do renascimento de conflitos emocionais não resolvidos. Permitir um contato próximo, mas protegido, com traumas profundos, graças à sua elaboração, permite não apenas uma existência mais calma, como também melhores atitudes e comportamentos ambientais. Não se trata de fazer desaparecer magicamente as angústias, mas de criar uma situação relacional capaz de tornar as angústias reconhecíveis e aceitáveis, respeitando os ritmos individuais e favorecendo o desenvolvimento do pensamento construtivo.

Desperdício de aquecimento

Hoje sabemos bastante sobre o que causa a poluição externa do ar, por exemplo, a proveniente de veículos, indústria e sistemas de aquecimento doméstico[5] que emitem gases de forma constante,

5 Em *Un pianeta ad aria condizionata*, Antonio Cianciullo (2019) aponta que o

principalmente CO_2, e prejudicam o ecossistema, em especial nas áreas urbanas. Sabemos menos sobre a chamada poluição interna, a contaminação do ar em ambientes internos gerada por poluentes químicos, físicos e biológicos.

A poluição interna ou doméstica do ar desencadeia doenças com vários graus de gravidade, como asma, doenças pulmonares, alergias e legionelose (Goldmann, 2019).

A jornalista científica Emily Anthes (2020) salienta que os seres humanos modernos, em especial os norte-americanos e os europeus, são uma espécie que vive em ambientes fechados, passando 90% do seu tempo nesses lugares:[6] casas, locais de trabalho, escolas, lojas, restaurantes, ginásios, hospitais e prisões. Nesses espaços, a qualidade do ar e a ventilação adequada são fatores cruciais. A aeração e a ventilação substituem o ar de uma casa por ar fresco vindo de fora. Alguns minutos são suficientes para essa operação.

As principais fontes de poluição interna são: fumaça de tabaco, fogões a gás, fornos a lenha, lareiras, sistemas de aquecimento em geral e querosene em particular, produtos de limpeza (solventes e detergentes), materiais de construção e isolamento, mas também emissões de substâncias nocivas de instrumentos eletrônicos, como impressoras.

Podemos decidir se o ar circulante dentro de casa pode ser purificado de acordo com a sustentabilidade ambiental, doméstica e individual. As plantas podem ajudar, por exemplo, dracena, jiboia, gérbera, fícus e babosa. Além de sua função ornamental, elas

---

aquecimento global nos faz proteger-nos em pequenos fortes com ar-condicionado, como casas, carros e escritórios. Isso gera um aumento significativo no consumo de energia elétrica e libera calor no ambiente público.

6 Durante o isolamento devido à pandemia de covid-19, esse tempo chegou a quase 100%.

absorvem e reduzem naturalmente a poluição interna ou doméstica, filtrando o ar e eliminando os venenos nele contidos.

Se o ar estiver viciado, o ambiente não será saudável, nossos reflexos ficarão mais lentos e os nossos comportamentos mudarão em virtude da falta de oxigênio. A condição conhecida como síndrome do edifício doente pode ser encontrada em edifícios novos ou recentemente renovados. Os sintomas mais comuns são irritação nos olhos, no nariz e na garganta, hipersensibilidade, alergias, cansaço e dores de cabeça. A sensação de conforto higrotérmico depende da temperatura corporal e do grau de umidade da pele, que deve ser sempre baixo. A amígdala deveria nos sinalizar o excesso de calor como elemento perigoso para nossa sobrevivência. Infelizmente, as características culturais relacionadas ao prazer de um verão prolongado – a estética dos corpos bronzeados e a facilidade de encontrar calor num ambiente fechado como estatuto social (coisas promovidas pela publicidade sedutora) – prevalecem, confundem e modificam nossas respostas fisiológicas basais aos estímulos externos. Por exemplo, se sentimos frio, tendemos a aumentar a temperatura do nosso ambiente em vez de nos agasalharmos. A atenção, a vigilância, o tempo de reação, o cálculo mental e a motivação diminuem quando a temperatura está muito alta (acima de 32 graus Celsius), enquanto a agressão, a sensação de alarme e os distúrbios físicos relacionados ao choque térmico entre dentro e fora aumentam (Goldmann, Redaelli & Cerveglieri, 2019).

Existe uma ligação entre a qualidade dos espaços internos do edifício – seu design, sua luminosidade, a presença de grandes janelas abertas para zonas verdes – e o bem-estar psicofísico e, portanto, a felicidade dos seus habitantes (Anthes, 2020).

Vinheta clínica – Chega de colete de lã!

Oreste é filho único. Nasceu quando seus pais já eram bem idosos, após muitos anos de tratamentos para infertilidade. Depois de vários tratamentos malsucedidos, seus pais aceitaram a ideia de não ter filhos, portanto, o nascimento de Oreste foi inesperado, não totalmente aceito, basicamente não programado. Sentiam-se culpados por terem perdido o desejo de serem pais e, por isso, exageravam: eram superprotetores, excessivamente atenciosos, sempre com medo de ele adoecer. Oreste diz que são mais duas boas enfermeiras do que dois pais amorosos.

Desde que consegue se lembrar, usou sempre um colete de lã durante o ano todo. No inverno o usa sobre peças com mangas compridas e, no verão, de mangas curtas. Seus pais realizavam todos os seus desejos, exceto jogar futebol com outras crianças, ir à piscina e, em geral, praticar esportes e suar. Seu pai lhe ensinou o calmo jogo de xadrez, jogo em que ele é muito bom. Destacou-se na escola, mas se sentia marginalizado pelos colegas, que não zombavam dele, mas julgavam que ele era muito calmo, além de perceberem que não estava disponível para jogos e esportes ao ar livre. Morou com a família em uma pequena cidade da Riviera da Ligúria até ingressar na faculdade de medicina. Seus pais alugaram para ele um apartamento elegante, central e com muito conforto na cidade onde ele estudava.

Quando começou a morar sozinho, Oreste rebelou-se abertamente contra os pais pela primeira vez na vida: jogou fora todas as roupas pesadas que era obrigado a usar. Claro que o primeiro a ser jogado fora foi o colete de lã, mas fez o mesmo com todas as roupas que considerava opressivas. Começou a ficar completamente nu no apartamento, com a temperatura elevada e as janelas constantemente fechadas. Esse ato de rebelião contra a superproteção dos pais transformou-se aos poucos em estilo de vida incompatível com as relações sociais e a administração do ambiente.[7] Na aula, ele começou o lento ritual de se despir. Primeiro tirava o casaco, depois o paletó, em seguida o suéter e outro suéter, finalmente a camisa, ficando de camiseta. Reclamava da baixa temperatura da sala de aula, mas sentia que era impossível recolocar algumas peças de roupa.

Ao iniciar sua análise, Oreste sofre de bronquite crônica e não mantém relações sociais significativas.

Uma vez no consultório, repete o mesmo ritual descrito anteriormente. De camiseta, pergunta-me se, como sou médico, pode tirar a calça também e ficar só de cueca. Um pouco perplexo e confuso, pergunto se está com muito calor, mas ele diz que não. Ressalta ainda que é preciso aumentar a temperatura ambiente porque sente frio. Interpreto que o aumento da temperatura é o deslocamento de sua intensa necessidade de calor, que não consegue encontrar nos seres humanos, para aquecedores de metal. Ou seja, não consegue dar valor à sua autonomia na termorregulação e à sua capacidade de se proteger do frio, prefere não dar esse valor às relações com outros seres humanos, algo muito doloroso para ele, mas aos aquecedores de metal.

O comportamento preocupado, mas afetivamente frio de seus pais ensinou-lhe que o calor poderia ser obtido evitando o contato: seus pais manifestavam calor por meio de um colete de lã e presentes generosos. Ao contrário do calor humano autêntico, ele conseguia administrar a preocupação dos pais conforme desejasse, à semelhança do que se pode fazer com um termostato ou o botão de controle de um aquecedor. O controle da temperatura permitia-lhe expressar sua onipotência infantil, triunfante e narcisista. Ele não conseguia mudar e adaptar-se às verdadeiras condições ambientais

7 Os sistemas de aquecimento doméstico contribuem seis vezes mais para as emissões de CO_2 do que o tráfego nas áreas urbanas

– a presença de outros, dimensão fundamental para determinar a temperatura das relações – sem recorrer a dispositivos.

Contudo, reconhecer o limite imposto pela presença do outro significaria o fim da sua parte narcísica, que seria substituída pela aceitação consciente da realidade. Ele nascera de um desejo distante que se desvaneceu com o tempo: quantas vezes seus pais lhe disseram que ele foi inesperado, o "filho do acaso!". Eles sentiam um senso intenso e rígido de responsabilidade em relação a ele por tê-lo trazido ao mundo. Isso transformou-se em uma forma de preocupação ansiosa, mas afetivamente estéril, uma reação ao sentimento de culpa. É preciso ser amado, desejado e compreendido para observar e compreender a nós mesmos e ao mundo que nos rodeia. Infelizmente, desde criança sentia ressentimento em relação aos pais: sentia-os como opressores e incapazes de reconhecer e satisfazer o seu desejo de calor humano. Ele reagiu inconsciente e conscientemente exibindo uma submissão conivente que se tornou resistência e depois transgressão contra a autoridade.

Oreste traz para o consultório a mesma situação emocional que viveu no início do relacionamento com os pais e que posteriormente representou em seu apartamento e na sala de aula da faculdade de medicina.

Uma vez esqueci de arejar o consultório antes da sessão. Oreste sentiu o cheiro do perfume barato da paciente anterior. Ele tinha certeza de que era uma prostituta. Para manter seu apartamento aquecido, ele mantinha sempre as janelas fechadas, então sempre havia um mau cheiro. Reconheceu isso, mas justificou argumentando que era seu cheiro autêntico e pessoal, incomparável a outros cheiros. Ele o definiu como "cheiro de celeiro": uma condição não neutra e não asséptica, um lugar quente e seguro, como no presépio cristão.

Oreste relata muitas fantasias sobre ser feto novamente, retornando ao lugar onde cada um de nós morou, o útero materno quente.

Freud (1900) escreve:

> *Em alguns sonhos de paisagens ou outras localidades, a ênfase é colocada, no próprio sonho, na sensação convicta de já ter estado ali alguma vez. (As ocorrências de* "déjà vu" *nos sonhos têm um significado especial.) Esses lugares são invariavelmente os órgãos genitais da mãe do sonhador; de fato, não há outro lugar a respeito do qual seja possível afirmar com tanta convicção que já se esteve lá antes. (p. 399)*

Depois volta a esse tema: "e a casa em que se mora era um substituto do ventre materno, o primeiro alojamento, pelo qual muito provavelmente o homem ainda anseia, e onde se sentia seguro e à vontade" (Freud, 1930, p. 91).

Na análise do Homem dos Lobos, Freud (1918) observa que os interiores da existência intrauterina aparecem como recipientes quentes, mas, ao mesmo tempo, estão na base do estranho, ou seja, são ao mesmo tempo um refúgio de desejos inevitável e incestuosamente não realizados e uma cripta potencial para enterrar seres humanos. Freud (1919) escreve que o órgão sexual ou o corpo da mãe podem ser vivenciados e interpretados como estranhos, mesmo que no início fossem familiares: "Nesse caso também, então, o '*unheimlich*' é o que antes era *heimlich*, familiar" (p. 245).

Oreste transformou seu apartamento de abrigo protetor da tempestade em microambiente sob seu total controle, uma caixa hermeticamente fechada, um recipiente que impedia qualquer troca entre interior e exterior, uma espécie de cripta na qual se tornava cada vez mais impossível viver ou respirar.

A lenta e difícil construção de uma relação analítica franca, mas confortável permite a Oreste aprender novas e desconhecidas habilidades sensoriais e relações diretas com a dinâmica ambiental, vestir-se mais adequadamente, ao menos de acordo com a estação do ano, suportar a presença de cheiros diferentes dos seus, parar de abusar do sistema de aquecimento doméstico e abrir as janelas do apartamento. O cheiro do seu apartamento fechado, que sentia inicialmente como protetor, agora é tão perturbador, irritante e *unheimlich* que ele abre as janelas e consegue administrar melhor o sistema de aquecimento doméstico.

Em ambos os casos, foi necessário fazer uma dupla intervenção: reconhecer a influência do passado sobre o presente e, uma vez trabalhadas as angústias opressivas da infância, reconhecer os danos, em termos ambientais, do seu comportamento e tentar modificá-lo.

7. Poluição luminosa e sonora

Poluição luminosa

A poluição luminosa é uma alteração dos níveis de luz naturalmente presentes à noite. Tal alteração causa diversos tipos de danos ambientais, científicos, culturais e econômicos.

Os danos ambientais incluem: dificuldade ou perda de orientação de alguns animais (aves migratórias, tartarugas marinhas, mariposas noturnas); alteração dos ritmos circadianos com consequentes perturbações no humor dos seres humanos, bem como das plantas, que podem antecipar a floração, e dos animais (alguns pássaros cantam antes do anoitecer, a relação predador-presa é modificada). Os danos econômicos dizem respeito aos custos do desperdício de energia; os científicos referem-se às dificuldades causadas à pesquisa astronômica. O principal dano cultural deve-se ao desaparecimento do céu estrelado nos países mais poluídos.[1]

---

1 A poluição luminosa já não afeta apenas as áreas urbanas, mas passou a afetar a maior parte da natureza. Num estudo de 2020, Jo Garrett e seus colegas da Universidade de Exeter (Reino Unido), junto com a Bird Life International, mostram que 51,5% das principais áreas de biodiversidade nunca têm céus completamente escuros. As únicas áreas onde as noites permanecem escuras

Em seu *Zibaldone* (20 de setembro de 1821), Giacomo Leopardi (1817-1832/2013) escreve sobre o prazer da luz vista nas cidades, onde a luz é manchada por sombras e contrasta com a escuridão; onde a luz diminui gradualmente, como nos telhados, lugares isolados que escondem da visão a estrela brilhante. O prazer está em sua variedade, sua incerteza, no fato de não se poder ver tudo e, portanto, ser capaz de vagar na imaginação através de coisas invisíveis.

Francesca Rigotti (2020) denuncia o desaparecimento do escuro devido à poluição luminosa e propõe um caminho imaginário e metafórico que pode reavaliar o "conhecimento do escuro". Esse conhecimento inclui, por exemplo, o grande tema da cegueira como forma de previsão (profecia da visão), que os antigos acreditavam que de alguma forma compensava (e até superava) a perda material da visão. Exemplos nesse sentido são personagens como Édipo ou o adivinho cego Tirésias.

O Papa Francisco (Bergoglio, 2015) diz que fazemos todos os esforços para nos adaptarmos ao nosso ambiente, mas, quando este é desordenado, caótico ou saturado de ruído e feiura, esse excesso de estimulação dificulta que fiquemos integrados e felizes.

Em sua *Ciência da lógica*, Friedrich Hegel (1812-1816/2010) escreve que se pode ver tão pouco na luz pura quanto na escuridão pura. A luz pura e a escuridão pura são dois vazios que são a mesma coisa.

A interdependência, a interconexão e a complementaridade entre luz e trevas são temas subestimados no pensamento e na cultura ocidentais, ao menos desde a Era do Iluminismo.

---

são a Antártida e as áreas marinhas protegidas. Recentemente foram criados parques de céu escuro, áreas protegidas de extrema qualidade de ambiente noturno. Na Itália, San Vigilio di Marebbe, no Tirol do Sul, aguarda a certificação oficial como parque de céu escuro.

Embora o escritor indiano Amitav Ghosh (2016) enfatize que a modernidade não é um "vírus" espalhado da civilização ocidental para o resto do mundo, sem dúvida algumas percepções, como a da escuridão, tiveram destinos e representações diferentes em diferentes partes do mundo.[2]

Em seu *In Praise of Shadows*, o escritor japonês Jun'ichirō Tanizaki (1933/1977) concentra-se no apelo da sombra, ameaçada pela disseminação do modo de vida ocidental. Essa forma de viver é caracterizada pelo excesso de iluminação elétrica. Tanizaki vai contra o domínio da luz, muitas vezes violenta e indiscreta, e enaltece a estética da semiescuridão que garante intimidade, calma e relaxamento. Elogia a beleza das antigas fazendas, dos salões de chá, dos templos solitários de montanha, dos banheiros tradicionais distantes de casa e imersos na sombra, em grande contraste com a necessidade moderna de luminosidade e higiene; a prataria, que, ao contrário do Ocidente, onde é continuamente polida para *brilhar*, no Japão adquire valor estético quando a pátina do tempo a escurece.

Para Tanizaki, a beleza não reside na coisa em si, mas nos níveis de sombra. Ele destaca como toda a nossa civilização ocidental, nossa vida cotidiana e nossa ideia de prazer se baseiam no hiperdesenvolvimento de alguns sentidos em detrimento de outros, nunca na tentativa de harmonizar nossos sentidos.

Como a civilização ocidental se opõe às trevas! Isso é evidente na *Divina comédia* de Dante Alighieri (Inferno, 1, 1-3, 1314/2013), que começa com a descrição de um bosque sombrio no meio da nossa vida mortal.

---

2 In *Darkness: a cultural history*, Nina Edwards (2018) critica a divisão estrita entre a cultura ocidental e a oriental, pois em ambas as culturas a literatura, a música e as artes visuais são fascinadas pela escuridão. Ela observa que a palavra japonesa para "Japão" (Nippon ou Nihon) significa "origem do sol".

A floresta sombria, que está às portas do inferno, pode ser encontrada também na *Eneida* de Virgílio (VI, 179, 29-19 a.C./1990), inspiração para Dante, e representa o caos e a desordem (Edwards, 2018).

A escuridão é representada negativamente nas pinturas negras[3] de Francisco Goya e no romance *Heart of Darkness* de Joseph Conrad (1899/2016)![4]

Conrad define como sombrio não apenas o mundo hostil da floresta tropical fluvial, mas também o mal que habita a alma humana. Ele argumenta que a ilusão mais amarga e a escuridão mais obscura de uma sociedade são a crença de trazer a civilização para o cerne de África, mas, na realidade, só trazer colonialismo e destruição.[5]

Paolo Mauri (2007) postula que a palavra "luz" tem características positivas, enquanto "escuro" ou "obscuro" referem-se ao seu oposto. Ele ressalta que o mal parece obscuro quando não conhecemos suas verdadeiras causas. A noite é o lugar do mal numa série infinita de lendas nas mais diversas tradições. À noite circulam espíritos sinistros e vampiros, obrigados a se esconder ao amanhecer com o retorno da luz.

---

3 A expressão vem do uso marcante de cores escuras e terrosas e da presença de fundos, sombras e contornos pretos. Goya pintou essas quatorze imagens, provavelmente entre 1819 e 1823, nas paredes da casa onde morou no final da vida. Embora alguns críticos de arte duvidem da sua autenticidade, estão agora expostas na sala 67 do Museu do Prado, em Madri.

4 Algumas pessoas interpretam a viagem do narrador Charles Marlow pela selva como metáfora da descoberta do inconsciente.

5 Em seu romance *Voyage in the Dark*, cuja personagem principal vive até os 16 anos nas Antilhas e depois se muda para a Inglaterra, a escritora Jean Rhys (1934/2000) expressa um ponto de vista oposto ao de Conrad. Na verdade, nesse romance, a Inglaterra, e não a selva de Marlow, é definida como um lugar inóspito, triste e escuro onde tudo (as cores, os cheiros, as flores, as pessoas, até a lua) é diferente e insípido.

Mas o significado e o valor positivos da escuridão podem ser encontrados no escrito à entrada do mosteiro Sacro Speco em Subiaco, perto da Abadia de Montecassino:[6]

> *Lumina si quaeris, Benedicte, quid eligis antra?*
> *Quaesiti servant luminis antra nihil.*
> *Sed perge in tenebris radiorum quaerere lucem,*
> *nonnisi ab oscura sidera nocte micant.*[7]

Tendo intuído o valor das trevas, Bento XVI antecipou a luta contra a poluição luminosa, da qual todas as cidades são vítimas, tanto que, segundo uma resolução da Unesco de 2007, contemplar o firmamento deveria ser considerado um direito inalienável da humanidade. Os movimentos a favor do céu escuro estão aumentando em todo o mundo: a Itália, por exemplo, dedicou um dia à promoção da economia de energia, denominado "Mi illumino di meno" (Ilumino-me menos), inspirado nos versos de "Mattina", de Giuseppe Ungaretti: "M'illumino/ d'immenso" ("Eu me ilumino/ com imensidão"). Esse dia ocorre em 16 de fevereiro, dia em que entrou em vigor o Protocolo de Quioto.

O arquiteto finlandês Juhani Pallasmaa (2004) invoca a necessidade de ir contra a hegemonia cada vez maior da visão, o oculocentrismo, a visibilidade pura promovida por Le Corbusier, segundo a qual a visão assume papel central na civilização ocidental.[8] Ele

6 O mosteiro foi construído sobre a gruta onde Bento de Núrsia, fundador da Ordem Beneditina, permaneceu há 1.500 anos, como relatou seu biógrafo, o Papa Gregório I (Boatti, 2012).

7 "Se buscas luzes, Bento, por que escolhes essa gruta?/ Nenhuma gruta terá a luz que procuras./ Mas continuas a procurar seus raios na escuridão,/ pois só nela as estrelas brilham."

8 Nas últimas décadas temos testemunhado tamanho aumento no número de imagens visuais que nossas vidas parecem estar saturadas delas. Do Google

argumenta que essa hegemonia é responsável por uma arquitetura que aliena, abstrai e distancia, não uma arquitetura que promove as sensações positivas provenientes do enraizamento, da intimidade e da afinidade.

Até o arquiteto Henry Plummer (2016) se afasta das visões negativas de Goya e Conrad e se aproxima da visão de Bento de Núrsia, quando elogia a surpreendente possibilidade de a escuridão transformar uma realidade estática em outra menos definida, de fazer brilhar a luz mais magneticamente, para tornar espaços indescritíveis mais arrojados. A escuridão nos proporciona um potencial suplementar para descobrir elementos desconhecidos e invisíveis.

Grandes psicanalistas como Freud, Bion e Lacan elogiaram o valor da escuridão.

Freud (1916/1972) usa a metáfora da escuridão em sua carta de 25 de maio de 1916 a Lou Andreas-Salomé:

> *Sei que ao escrever preciso me cegar artificialmente para focar toda a luz num ponto escuro, renunciando à coesão, à harmonia, à retórica e a tudo o que você chama de simbólico; . . . meus olhos, adaptados como estão ao escuro, provavelmente não suportam luz forte ou uma ampla gama de visão. (p. 45)*

Bion (1973-1974/1990) reconsidera as palavras de Freud:

---

ao Instagram, dos videogames às instalações de artes visuais, essa transformação está produzindo uma sociedade global geradora de confusão. Liberta e ao mesmo tempo perturba: não só vemos o mundo, mas o reproduzimos continuamente em imagens, que partilhamos e trocamos com outras pessoas. Agora nossa primeira tentativa de compreender a realidade é visual, bem como nossas tentativas de modificar a realidade enraizadas nessa nova cultura visual (Mirzoeff, 2015).

> *Em lugar de tentar trazer uma luz brilhante, racional e bem-informada para resolver problemas obscuros, sugiro que apliquemos uma diminuição da "luz" - um feixe penetrante de escuridão: algo semelhante ao holofote. A peculiaridade desse raio penetrante é a possibilidade de direcioná-lo ao objeto de nossa curiosidade, e esse objeto absorveria toda a luz já existente, deixando a área de exame esvaziada de qualquer luz que possuísse. A escuridão seria tão absoluta que alcançaria um vácuo absoluto e luminoso. De maneira que, se existisse algum objeto, por mais tênue que fosse, ele apareceria com muita clareza. (p. 20)*

Por sua vez, Lacan (1964/1979) escreve: "Se você quiser ver uma estrela de quinta ou sexta grandeza, não olhe diretamente para ela – isso é conhecido como fenômeno Arago. Você só conseguirá ver se fixar o olho em um lado" (p. 102).

Calvino (1988) nos faz perceber que, quando há muito para ver, não conseguimos ver nada e acabamos perdendo a capacidade de focalizar visões com os olhos fechados e, assim, pensar em termos de imagens.

Vinheta clínica – E em breve a escuridão

Michele é um paciente meu que apresenta aspectos obsessivos e controladores nos momentos iniciais do nosso primeiro encontro. Ao entrar no consultório, ele verifica visualmente se está tudo bem na sala. Verifica se a luz está acesa para poder perceber, com um olhar rápido, mas atento, que todos os objetos da sala estão distribuídos de maneira estável. Em casa as luzes estão sempre acesas noite e dia: ele diz que é para afastar os criminosos e para facilitar sua locomoção à noite.

Quando traz sonhos para nossas sessões, Michele se sente na obrigação de descrevê-los e explicá-los detalhadamente. Ele os define como esclarecedores e gosta de interpretá-los. Geralmente desvaloriza e minimiza meus comentários com a expressão "Sim, mas...", o que reduz o poder explicativo e emocional dos meus comentários e serve como ponto de partida para futuras interpretações do tipo "faça você mesmo". Durante uma sessão noturna, ao narrar um sonho que ele define como esclarecedor, pois oferece novas (e para ele, até aquele momento, impensáveis) formas de compreender suas dificuldades relacionais, a luz se apaga, deixando-nos imersos em uma total e repentina escuridão, tornando estranho o contexto de Michele e eu. Nada pode ser considerado garantido.

Segundo Mauri (2007), tememos os apagões justamente por não conseguirmos controlar a escuridão total, escuridão pior que a da antiga e controlável noite natural.

Meu primeiro impulso teria sido verificar o medidor elétrico. Mas a reação inesperada de Michele me deixou grudado na cadeira. Decido não intervir. Não interpreto a situação com um significado preconcebido. Opto por enfrentar diretamente a mudança no campo físico e relacional. Aposto nas capacidades de Michele e nas minhas de lidar com algo novo que ocorre independente da nossa vontade. Eu poderia esperar o surgimento de angústia em Michele devido à falta de controle visual. Mas Michele não se incomoda com a escuridão. Com voz calma e satisfeita, ele me diz: "Finalmente somos iguais. Eu não vejo você quando venho aqui, agora você não pode me ver. Agora estamos em pé de igualdade. Ambos cegos e assustados".

Não sinto que essas palavras indiquem competição, mas exigem uma compreensão mais profunda da sua angústia. Ele quer que eu consiga compreender seu desconforto do mesmo modo que o sente. A escuridão me permite fazer isso de forma simétrica e igualitária.

Em "Inibição, sintomas e angústia", Freud (1925) escreve: "Se não conseguirmos ver as coisas com clareza, ao menos veremos claramente quais são as obscuridades" (p. 124).

Michele me conta seu sonho esclarecedor. Ele entrou em um túnel com uma lanterna e, quando perdeu toda a esperança de chegar ao fim do túnel porque a lanterna estava ficando cada vez mais fraca, ouviu o miado de um gatinho que se aproximou dele lenta, mas decididamente. O gato começou a se esfregar nele, enrolando-se e ronronando. Quando a tocha parou de funcionar, Michele viu que os olhos do gatinho brilhavam. Sente-se tocado por essa cena e chora ao descrevê-la.

O sonho terminou com uma luz fraca e distante aparecendo no fim do túnel. A luz permite a Michele se orientar, salvar-se e salvar o gatinho. Ao contrário de todas as sessões anteriores, Michele não comenta o sonho de forma pedante. Permanece em silêncio.

Nesse momento, na sala escura, sentimos uma espécie de perplexidade e insegurança porque perdemos as coordenadas espaciais e temporais habituais. Sinto-me também encorajado pelos aspectos infantis emocionalmente intensos que Michele trouxe com seu sonho.

No meu íntimo, Michele é agora o jovem que queria me fazer sentir suas angústias e a criança assustada e vulnerável representada pelo gatinho miando.

O desaparecimento da luz favorece o surgimento de uma angústia que pôde ser compartilhada. Michele conseguiu colocar essa angústia dentro de mim e deixar seus aspectos intelectualizados e teimosos fora do consultório. Esses aspectos eram típicos de suas sessões e o levavam a definir seus sonhos como esclarecedores, esclarecedores no sentido de que teria conseguido me iluminar com suas explicações e esclarecimentos. Agora ele pode finalmente mostrar a inesperada capacidade de se comunicar e de permanecer em contato silencioso com suas emoções de infância, que pudemos discutir mesmo após o retorno da luz. Somente no escuro Michele pôde vivenciar diretamente um encontro não competitivo com o analista.

Federico Flegenheimer (citado em Nissim Momigliano, 1988) toma emprestada uma metáfora de Maurice Merleau-Ponty e compara o cenário psicanalítico ao escuro de um cinema.[9] Nesse caso, o escuro é certo, uma espécie de câmara escura do inconsciente, mas é uma condição necessária para usufruir do filme.

Tal como no romance *Ensaio sobre a cegueira*, de José Saramago (1995), em que a chegada da escuridão permite-nos de algum modo medir o mundo e a sociedade, a escuridão no meu consultório modificou subitamente o *setting* permitindo que Michele relatasse seu sonho sem qualquer intelectualização competitiva. Ele sentiu que éramos iguais, cegos, talvez mais sensíveis ao trabalho analítico. A escuridão nos cercou e permitiu aumentarmos nossos sentidos. Libertou-me da necessidade de compreender tudo e de interpretar as diversas características do sonho de Michele. Eu pude permitir "o processo . . . de consciência de elementos incoerentes e a capacidade do indivíduo de tolerar essa consciência" (Bion, 1992, p. 195), em suma, cegar-me para desfrutar com ele o encontro de suas partes infantis sem a mediação da luz artificial. Ambos fomos iluminados pelos olhos brilhantes do gatinho.

Ao referir-se à carta de John Keats de 21 de dezembro de 1817 aos seus irmãos, Bion (1992) fala de "capacidade negativa, isto é, quando um homem é capaz de estar em incertezas, mistérios, dúvidas, sem qualquer busca irritada pelos fatos e pela razão" (p. 125).

James S. Grotstein (2007) relembra este acontecimento:

9 As células periféricas da retina determinam nossa percepção do escuro. Uma vez livres da luz, elas se ativam e produzem a visão específica que denominamos escuridão. Assim, perceber a escuridão não é uma inabilidade nem uma incapacidade, mas uma ação.

> *Certa vez, após uma sessão da minha análise, Bion, fora do personagem, foi até a estante, tirou uma edição alemã da correspondência de Freud com Lou Andreas--Salomé e traduziu-a para mim na hora. Anotei isso momentos depois: "Ao conduzir uma análise, é preciso lançar um facho de intensa escuridão*[10] *para que algo que até então foi obscurecido pelo brilho da iluminação possa brilhar ainda mais na escuridão". (p. 1)*

Às vezes, a atenção aos fenômenos relevantes acende a lâmpada ofuscante da psique que não só nos cega, mas também queima nossa pele. Uma vez acesa, a lâmpada da psique não nos permite ver aspectos que ainda não conhecemos ou não queremos saber, pois nos assustam e trazem elementos perturbadores para o consultório (Ferruta, 2008).

Mauri (2007) entra na metáfora da luz para deixar o sol platônico no topo de todas as ideias e retornar para a caverna da qual o escravo saiu e voltou para contar, aos amigos que deixou, o que é luz e o que é escuridão, o que significa passar das trevas para a luz, o que é a cegueira induzida pela luz. A escuridão está associada ao que ainda não foi revelado, talvez ao que nunca poderá ser revelado. Se a escuridão é o infinito, a luz define, suaviza e constrói caminhos e trajetórias.

O surgimento da escuridão no consultório permitiu o contato autêntico com algo perturbador. A escuridão promoveu a transformação do perturbador em algo doméstico e familiar. Criou as condições para estabelecer confiança e colaboração no par analista-analisando em trabalho.

10 O termo inspira o título do livro de Grotstein de 2007, *Um facho de intensa escuridão: o legado de Wilfred Bion à psicanálise.*

Poluição sonora

A poluição sonora é causada pela exposição excessiva a sons e ruídos de alta intensidade. Isso pode ocorrer nas cidades e na natureza. A lei italiana nº 447/1995, art. 2, fornece esta definição de poluição sonora:

> *A introdução de ruído em ambientes residenciais ou externos, de modo a causar incômodo ou perturbação ao repouso e às atividades humanas, perigo para a saúde humana, deterioração de ecossistemas, bens materiais e monumentos, ou interferir no funcionamento normal desses ambientes.*

As causas mais notáveis da poluição sonora incluem:

- Atividade doméstica. Isso gera uma quantidade grande e inesperada de ruído. O uso inadequado de eletrodomésticos (televisores, máquinas de lavar, lava-louças, aparelhos de ar-condicionado etc.) determina significativamente a quantidade de ruído que uma casa produz.
- Tráfego de automóveis, ferroviário e aéreo.
- Indústrias e canteiros de obras.
- Espaços compartilhados. Sons ou músicas em espaços públicos ou compartilhados, como bares, restaurantes, aeroportos, shoppings, piscinas e praias, podem perturbar, incomodar e aborrecer, dependendo da sensibilidade individual específica. Até a exposição passiva a música de baixo volume, que não poderia ser classificada por si só como irritante, pode ser percebida subjetivamente como tal. Um exemplo é a escuta forçada e involuntária de música ambiente.

Nossas vidas estão perpetuamente imersas em uma trilha sonora permanente, destaca Nicoletta Polla-Mattiot (2017), com cada atividade diária acompanhada por um som específico. Não é apenas o trânsito e o barulho da metrópole, mas uma espécie de música ambiente onipresente que emite trinados, zumbidos e sons musicais, com alto-falantes e aparelhos emissores de som sempre ligados, telefones, bipes e entretenimento que nos segue a todos os lugares, no supermercado, no estacionamento subterrâneo, na sala de espera, no avião – em todos os lugares e a qualquer hora.

Ao invadir a privacidade e a intimidade ao longo do tempo, a poluição sonora pode causar perda auditiva, distúrbios do sono, desconforto psicofísico e estresse causado por altos níveis de cortisol no sangue.

Carlo Emilio Gadda (1959/1991), não apenas escritor, mas também engenheiro, enumera com amarga ironia, ao lado de vantagens indubitáveis, as inúmeras desvantagens da poluição sonora das técnicas de construção modernas. A casa nos protege e defende contra o estresse e as tensões da vida moderna. Precisamos de descanso e sono, bem como de comida e ar; usamos o sistema neuro-encefálico, o cérebro e a medula espinhal a cada minuto de nossas vidas na luta cotidiana. A casa de hoje é incapaz de preservar e defender a nós e ao nosso sistema nervoso dessas tensões e estresses. A estrutura de cimento feita de tijolos ressoa como um tambor, obrigando-nos a ouvir cada ruído, cada nota e sílaba do falanstério.

Nossos sentidos percebem uma infinidade de estímulos que emanam do ambiente e influenciam nossa mente em diferentes níveis. Se esses estímulos forem de má qualidade, a sua variedade não compensa sua nocividade.

Um projeto da Universidade de Nápoles denominado "Clipes: corpos e léxicos do italiano falado e escrito"[11] avalia como a língua italiana mudou nos últimos cinquenta anos. Mais que no nível

11 Recuperado de: http://www.parlaritaliano.it/index.php/it/progetti/44-clips-corpora-e-lessici-di-italiano-parlato-e-scritto.

lexical, evoluiu no nível rítmico, ou seja, falamos mais rápido do que no passado e fazemos menos pausas entre as palavras faladas (Polla-Mattiot, 2017).

A poluição sonora também afeta negativamente os animais. O ruído das atividades humanas põe em perigo os animais selvagens e afeta seu comportamento habitual no hábitat natural. Pode danificar seu sistema auditivo, que é mais sensível e vulnerável que o dos humanos. Por exemplo, os cetáceos ficam desorientados e confusos, o que os leva a encalhar, como foi o caso de um cardume de lulas-gigantes encontrado na costa espanhola. O ruído produzido pela atividade geofísica humana danificou os seus órgãos sensoriais e elas ficaram desorientadas.

O ruído produz não apenas danos físicos, mas também estresse e distúrbios reprodutivos. Também pode influenciar a capacidade natural de adaptação da vida selvagem. O ruído da atividade humana pode impedir a capacidade dos animais de ouvirem sons importantes que lhes permitem orientar-se, encontrar comida, defender seu território, evitar predadores, atrair um parceiro e juntar-se a um grupo social.

Um estudo publicado na revista *Science* (Buxton et al., 2017) demonstra esses efeitos negativos. O primeiro estudo em grande escala sobre esse tema examinou 492 áreas protegidas nos Estados Unidos com recursos naturais em 14% do seu território. Cientistas da Universidade Estadual do Colorado e do Serviço de Parques Nacionais dos Estados Unidos relatam que o ruído produzido pela atividade diária dos seres humanos se espalha por toda parte, duplicando o ruído de fundo em 63% das áreas protegidas e multiplicando-o por 10 em 21% dessas áreas.

Um estudo sobre chapins realizado por pesquisadores da Universidade de Leiden (Halfwerk et al., 2011) mostra que a poluição sonora, ao modificar a paisagem sonora, leva os pássaros machos a chilrearem em tons mais altos, reduzindo bastante a duração de suas pausas e, assim, tornando-os menos atraentes para as fêmeas, que preferem o canto dos pássaros em tons mais baixos.

Para atrair parceiros e defender seus territórios, os tordos urbanos cantam à noite, quando o ruído do trânsito diminui.

Ao mesmo tempo, cresce o número de movimentos em defesa da paisagem sensorial do campo. O prefeito de Gajac, uma pequena cidade a sudeste de Bordeaux, pediu aos parlamentares franceses que declarassem como patrimônio nacional os ruídos rurais, como o canto dos galos, o toque dos sinos das igrejas, o mugido das vacas, o zurro dos burros, o chilrear dos pássaros etc. (Samuel, 2019).

Weintrobe (2013a) alerta-nos contra programas de televisão sobre a natureza em que o volume da música e do som é tão alto que obscurece qualquer interesse pela natureza, inclusive seus sons e seus silêncios. Esses programas não fornecem qualquer informação autêntica sobre outras espécies, mas empregam um ponto de vista antropocêntrico que basicamente não considera a natureza.

Vinheta clínica – Vamos parar de gritar

Franca é uma estudante de 23 anos de família tradicional italiana: sua mãe é dona de casa e o pai é funcionário público. Ela tem três irmãos mais novos. Franca mora em um apartamento invadido pelos sons da televisão, que a mãe deixa ligada o dia todo enquanto faz as tarefas domésticas, pelo choro dos irmãos e pelos gritos da mãe, ao tentar abafar a voz dos filhos.

Franca me conta que morar nessa casa é um inferno: todo esse barulho lhe dá dor de cabeça e a obriga a usar protetores de ouvido. Quando ela tenta se fazer ouvir, ninguém consegue realmente ouvi-la, tanto que ela desiste de tentar expressar seu ponto de vista.

No consultório, quando começa a falar da sua sexualidade reprimida e inibida, sua voz soa débil e sutil, uma espécie de sussurro. Preciso aproximar minha poltrona do sofá, preciso esticar o pescoço e virar a cabeça para ouvi-la. É como se eu estivesse tentando aumentar absurdamente as cavidades auditivas. Ela me obriga a me aproximar dela, a fazer novas tentativas para entender as palavras que não consegue pronunciar em voz alta. Ao dificultar que eu a ouça com clareza, projeta em mim o medo de não ser ouvida. Essa necessidade absoluta de ser ouvida sem quaisquer ruídos e sons de fundo irritantes está associada à sua tendência narcisista de me colocar na posição de precisar me aproximar dela para ouvir suas palavras.

O fato de seus sussurros me obrigarem a modificar minha postura na poltrona me ajuda a entender o quanto Franca deseja que eu possa realmente entendê-la, ouvi-la com sensibilidade e respeito e que, como uma mãe atenta, eu identifique suas necessidades infantis sem qualquer esforço dela para me fazer senti-las. Devo sentir, no nível contratransferencial, sua necessidade de privacidade e sua necessidade de que eu receba, por mais tênue que seja, a mensagem que ela me envia. Em outras palavras, ela me faz sentir sua experiência de não ser ouvida. É uma comunicação que só pode ser expressa por meio de um *acting out*, e não de uma atitude narcisista, de um ataque punitivo. Favoreço sua necessidade de ser compreendida graças às possibilidades dessa condição ambiental que Elizabeth Danze (2005) define como a "intimidade acústica" do *setting* analítico.

Lucia Monterosa (2013) compara o analista que fica imóvel para poder discernir a voz fraca do analisando, sem se mover para evitar qualquer ruído que o impeça de ouvir, a uma mãe inclinada sobre o berço para ter certeza de que seu bebê está respirando. Ela ressalta que não existem apenas vozes débeis, mas também vozes que protestam e declamam de forma penetrante, vozes que parecem corpos estranhos e outras vozes inexpressivas e martelantes. Todos esses sons diferentes exigem aceitação e sintonia, uma espécie de adaptação física a algo que o corpo do outro expressa.

Muitas famílias costumam deixar a televisão ligada o dia todo. Os familiares assistem às imagens da televisão apenas de maneira ocasional e distraída. Mas os sons são a trilha sonora da incomunicabilidade, da incompreensão e da confusão. Preenchem um vazio existencial e encobrem a ausência de trocas afetivas entre os familiares.

O vazio comunicativo influencia direta e frequentemente quem fica em casa realizando trabalhos repetitivos e frustrantes, com mais frequência a mulher. A ausência de comunicação bidirecional e a passividade em face das ruidosas mensagens televisivas podem indiretamente tornar-se um modelo de inter-relações, ou, mais precisamente, um modelo da falta de inter-relações – uma série de transações unilaterais em que tudo se absorve, mas nada se ganha realmente. Desde o início, as crianças aprendem a conviver com a televisão, um terceiro estrangeiro, o que pode comprometer sua atenção, sua concentração e sua capacidade de comunicação.

Em algumas experiências de observação de recém-nascidos e crianças pequenas, de cujos grupos de discussão tive a oportunidade de participar, o observador relatou ter notado fortes correlações entre a televisão perpetuamente ligada em volume alto durante toda a visita, mesmo que ninguém assistisse ou parecesse ouvir, e a passividade da criança. A criança passou de tentativas frustradas de atrair a atenção materna de todas as maneiras possíveis para atitudes aparentemente autocurativas e substancialmente autistas, como desviar sua atenção para jogos repetitivos e monótonos, na tentativa de amenizar a solidão e enfrentar a decepção causada pela falta de resposta materna, positiva ou negativa, às suas solicitações.

Quando a família está à mesa de jantar, é comum o pai pedir que todos fiquem quietos para que ele possa aproveitar o noticiário da noite com tranquilidade. As notícias televisivas assumem a sacralidade de um rito que se repete todos os dias. Isso priva o ato de estarem juntos à mesa de todo valor ritual e comunicativo. O prazer do convívio é abandonado e a satisfação da necessidade de atenção das crianças é negada. Impulsionados pela falta de resposta do pai às suas necessidades, os filhos são virtualmente obrigados a dirigir sua atenção e sua curiosidade para a todo-poderosa televisão ou para um videogame ao seu alcance.

Isso é homologado numa circularidade discursiva sem relevância, em que tudo se equivale e permanece indiferente num fluxo contínuo e interminável de estímulos sem sentido ou, ao menos, intercambiáveis. Cria-se uma forma especial e peculiar de violência – a opacidade da indiferença, produto da habituação a imagens e sons repetitivos, seriais e multiplicados (Schinaia, 2019b).

A experiência clínica relatada destaca a necessidade de evitar o distúrbio acústico para permitir que as necessidades das crianças encontrem uma escuta que não seja concentrada nem distraída, mas uma escuta livremente flutuante, sonhadora como a *rêverie* materna descrita por Bion.

Em seu *Horror pleni: la (in)civiltà del rumore*, Gillo Dorfles (2008) almeja o advento de um *horror pleni* (horror do total). Ele incentiva as mulheres e os homens de hoje a expressarem sua própria individualidade autônoma, restabelecendo entre eles e seus vizinhos, entre sua geração e a seguinte, entre as ações cotidianas e as criações artísticas, uma "pausa entre". Sem esse "intervalo", a humanidade corre o risco de sucumbir ao horror de um "total" que não pode ser fragmentado e controlado e, ao contrário, é dominado pela torrente incontrolável de sons, zumbidos e barulhos de ruído "total".

O maestro Teodor Currentzis (2019) defende que a música não pode ser lida nas notas, mas entre as notas. Para ele, a música não é o preto da página, mas o branco; é o silêncio que desce como a noite.

A busca de um lugar onde Franca pudesse ser ouvida sem gritar, onde pudesse compartilhar seus silêncios sofridos, um lugar não poluído por vozes dissonantes e cacofônicas e sons irritantes e nocivos, me faz pensar que os seres humanos podem expressar a mesma confiança criativa de Franca e construir um mundo que permita comunicar sem sons ensurdecedores, um mundo em que todos nós possamos viver de forma positiva, sem qualquer ruído prejudicial de fundo.

8. Do individual ao social

Mecanismos de defesa grupais

Freud (1924) observa que poucas pessoas podem tolerar a realidade sem deturpá-la ou manipulá-la.

Thomas S. Eliot (1936/1943) escreve que a humanidade não suporta um excesso de realidade. Só poderemos tolerar a realidade se a concebermos como uma sequência simplesmente cronológica de acontecimentos passados, presentes e futuros. A outra realidade, aquela realidade que poderia ter existido, é apenas uma abstração em perpétua possibilidade num mundo de especulação.

Bion (1978/2016) valida o conceito ao ressaltar que o medo de lidar com a verdade pode ser tanto que doses de verdade são letais.

Ghosh (2016) e Foer (2019) concordam que não é por acaso que a boa literatura jamais considerou seriamente e até ignorou o tema dos desastres ambientais.

Os mesmos mecanismos de defesa que encontramos em indivíduos, nossos pacientes, como confusão, obsessão, negação, projeção, externalização, cisão e dissociação, podem ser encontrados e descritos *mutatis mutandis* em grupos e comunidades.

Outras evidências de que a recusa e a negação não se limitam às defesas individuais, mas também se aplicam às defesas grupais, vêm de um estudo psicológico social realizado por Susanne Stoll-Kleemann, Tim O'Riordan e Carlo C. Jaeger (2001), no qual defesas como recusa e negação são reconhecidas como respostas a medos e angústias socioculturais diversos. As pessoas podem relatar angústia e medo em relação às alterações climáticas, mas ressentem ou negam o que não conseguem aceitar como mudança justificável de comportamento, por exemplo, a utilização de transportes públicos, andar de bicicleta na chuva ou investir em dispendioso isolamento doméstico.

A indiferença, a alienação, a preguiça, a banalização, a desvalorização dos relatórios científicos, a subestimação das consequências catastróficas e a apatia diante da involução da relação entre o homem e a natureza podem ser interpretadas como defesas contra uma angústia insuportável. Essa angústia é ainda mais aguda nas redes sociais, por não permitirem uma avaliação preliminar cuidadosa e uma hierarquia das informações. Assim, o resultado é uma opinião pública excitada de modo superficial ou incorretamente informada por causa da prevalência de uma emocionalidade atemorizada pelo alarmismo em detrimento da primazia do raciocínio e da reflexão. Isso nos faz procurar inimigos mais visíveis, inimigos cuja presença não nos obrigue a mudar radicalmente nosso estilo de vida. Os exemplos incluem a manipulação, a conspiração, os enganos dos centros de poder ocultos, a invasão de migrantes, o terrorismo,[1] outras pessoas ou países distantes com desenvolvimento econômico descontrolado, como a China e a Índia.

---

1 Luigi Zoja (2017) lembra-nos que o terrorismo islâmico não atingiu a Itália nos últimos anos, ao passo que houve mais de 83 mil vítimas da má qualidade do ar só em 2012.

Searles (1972) traduz em termos grupais o que descobre em seu consultório em nível individual. Ele postula a dupla ligação com a biosfera, caracterizada, por um lado, pela relação adulta de correspondência com o nosso receptáculo ecossistêmico que nos ajuda a reconhecer a crise ambiental e a lidar com ela com maturidade e, por outro, por uma atitude de simbiose patológica com a crise ambiental que nos desumaniza e que literalmente ataca nossa natureza e a das gerações futuras (Magnenat, 2019b).

A ilusão de controle precisa ser classificada entre as defesas grupais, pois, ao subestimarmos o risco ambiental, não o fazemos por indiferença ou cinismo, mas por acreditarmos que esses fenômenos estão, ou ao menos podem estar, sob nosso controle, mesmo que a avaliação exata mostre que não é bem o caso (Settis, 2017). Os antigos gregos tinham uma palavra específica e até uma personificação semidivina para designar a nossa incapacidade de ver o perigo: Atë, a deusa da ruína, do engano e da tolice, uma figura menor na mitologia grega que faz os humanos perderem o senso de proporção, levando-os à arrogância (*hybris*) e à perdição.

Em *Homens em tempos sombrios*, Hannah Arendt (1968) enfoca outro fenômeno, uma modalidade defensiva oposta à atuação maníaca: o foco exclusivo em nós mesmos, a dimensão contemplativa, o retraimento para o refúgio de nossa interioridade que ela define como "emigração interior". É quando as pessoas enfrentam uma realidade aparentemente insuportável e, para isso, passam do mundo e dos seus espaços públicos para uma vida interior ou simplesmente ignoram esse mundo em favor de um mundo de imaginação, um mundo "como deveria ser", ou "como alguma vez foi".

Muitas reflexões sobre mecanismos de defesa acerca da guerra e especificamente do perigo nuclear podem ser aplicadas hoje às alterações climáticas e, em geral, aos danos ambientais.

Impulsos hostis e destrutivos fazem parte da disposição paranoide de uma pessoa (Storr, 1972/2014).

Franco Fornari (1964) escreve algumas páginas instigantes sobre a psicanálise da guerra atômica, argumentando que ela é resultado do trabalho paranoide do luto. Uma pessoa normal precisa estar envolvida tanto na culpa quanto na responsabilidade de uma possível destruição de toda a humanidade: inconscientemente ela se sente culpada, mas nega esse sentimento ou projeta-o nos outros, que considera os únicos responsáveis pelo desastre. Um sentido generalizado de responsabilidade individual e um impulso à mudança só poderiam advir do reconhecimento do sentimento de culpa, considerado e utilizado como sinal de que podemos matar outras pessoas (Fornari, 1966/1975).

Para Hanna Segal (1987), toda guerra ativa a regressão da posição depressiva, bem como a mobilização de mecanismos esquizo-paranoides, cisão e projeção. Mas a existência de armas nucleares significa algo mais, isto é, a ativação de mecanismos de defesa mais potentes devida à ameaça de aniquilação total.[2]

David Bell (2015) descreve o papel da pulsão de morte em diferentes modelos da teoria kleiniana contemporânea referindo-se a um trecho do sonho de um paciente em que houve uma explosão nuclear, poeira e radioatividade caíram em cima dele, mas foi tudo agradável e tranquilo. Cada modelo enfoca diferentes características desse sonho em sua interpretação: um modelo pode enfocar

2 Os Estados Unidos e a União Soviética encerraram a Guerra Fria em 1987 com um tratado que limitava o uso de mísseis balísticos lançados do solo e de mísseis teleguiados de curto e médio alcance. A principal motivação foi que a guerra nuclear é inaceitável e não tem vencedores. O ex-presidente dos EUA Donald Trump cancelou esse tratado em 2019 e desencadeou assim a possibilidade de uma nova corrida armamentista em vez de prosseguir rumo à eliminação total das armas nucleares. Devemos reconsiderar as reflexões de Hannah Segal e tentar evitar uma nova corrida às armas nucleares.

mais o prazer puro e imediato da destruição (a explosão); outro, a bajulação sedutora que leva a uma espécie de indiferença ou passividade (a poeira e o material radioativo caindo sobre o paciente); outro, o prazer sádico de ter mantido o objeto num peculiar estado de meia-vida (a sensação de tranquilidade e paz).

Existem semelhanças entre o modelo explicativo de Hannah Segal (e, em minha opinião, o de Franco Fornari) sobre o perigo nuclear e o modelo que pode ser aplicado aos perigos das alterações climáticas na destruição esquizoparanoide e inconsciente, de acordo com Michael Rustin (2013).

Acontecimentos como catástrofes em grande escala e sua ansiosa experiência de ruína, guerras, guerras nucleares, desastres naturais e epidemias podem tornar-se parte do conjunto em que estão representadas experiências oníricas de precariedade mental, eliminação de projetos existenciais, depressão e angústia de morte, medo do futuro, interrupções de relacionamentos afetivos significativos, lutos e perdas irreparáveis.

As imagens indeléveis de desastres ambientais que os meios de comunicação difundem constantemente podem completar esse cenário onírico, que tem origens pessoais e individuais e também pode ser influenciado por fatores sociais como imagens. Nos sonhos, uma pessoa pode usar imagens das consequências de desastres ambientais como ferramenta para visualizar os aspectos mais sombrios e menos integrados de sua personalidade. Uma imagem externa, que represente, por exemplo, um "panorama de desastre" no nível icônico, pode assumir uma função organizadora no sonho, facilitando a representação detalhada e organizada de um conjunto de imagens internas desorganizadas em busca de agregação representativa.

George Marshall (2005) liga nossa resposta defensiva às alterações climáticas com as nossas angústias em relação à mortalidade.

Tal como a experiência da morte, a experiência das alterações climáticas nos confronta com uma perda permanente e irreversível. Marshall diz que, sempre que olha pela janela, pensa que o mundo que vivenciamos é apenas um sonho passageiro e, se não tentarmos impedir esse desastre, o mundo nunca mais existirá, exceto em memórias ou fotografias que se desvanecem. Isso reflete seus pensamentos sobre sua própria morte.

Clive Hamilton (2010) considera as observações de Marshall e vincula a dificuldade de tomar consciência das mudanças elementares no planeta, que ocorrem ao longo de décadas ou mesmo séculos, com a dificuldade freudiana de conceber a morte, tanto a nossa como a das pessoas mais próximas de nós. Ele espera que, após a negação, possa haver um estado de depressão, um estado difícil de alcançar porque a Terra morre muito mais lentamente que os seres humanos. Após a depressão, o trabalho do luto é necessário e envolve a tomada de consciência e a aceitação da nova condição de vida. Isso não significa salvar o mundo tal como é agora: significa pensar num mundo novo a partir das dificuldades atuais.

Lertzman (2015) introduz a noção de "melancolia ambiental"[3] para descrever a condição de luto não elaborado sobre os efeitos da emergência climática: mesmo as pessoas que se preocupam com os ecossistemas e as gerações futuras ficam paralisadas quando precisam traduzir essa preocupação em ações concretas.

Não é uma questão de apatia (falta de *pathos*), inércia emocional ou consciência: o fato de sentir o problema com intensidade excessiva parecer levar a uma espécie de paralisia e à sensação de ser incapaz de agir. Ao tratarmos da questão climática, não é fácil individualizar o objeto do trabalho de luto, que se torna

3 Título do livro de Lertzman. Entre 2006 e 2007, ela conduziu entrevistas articuladas sobre as dimensões afetivas da degradação ambiental em pessoas que vivem em Green Bay, Wisconsin, um local extremamente poluído.

mais difícil, por exemplo, do que lamentar a perda de uma pessoa. Da mesma forma, devemos superar as barreiras culturais que dificultam nossa capacidade de tomar consciência da situação. Na verdade, o trabalho de luto trata de uma perda não totalmente compreendida e interiorizada. A dimensão temporal da crise climática é outro desafio psicológico. Não apenas sofremos por uma perda que ainda não ocorreu, mas as alterações climáticas ocorrem em câmara lenta, falando metaforicamente, lentas demais para chamarem nossa atenção. É um estado de coisas cronicamente nebuloso em que tendemos a assimilar apenas informações que confirmem nossas crenças.

Como ponto de partida, deveríamos reconhecer nosso sofrimento coletivo e a ambivalência em relação às alterações climáticas. Segundo Freud (1917), o luto é um processo de conscientização, não um obstáculo. Assim, devemos fazer um trabalho de luto por nossos sonhos e nossas ilusões e escutar nossas muitas e geralmente contraditórias emoções. Um trabalho psicológico sobre esses temas em nós e nas relações com os outros nos permitiria ser mais livres e capazes de agir positivamente.

Lertzman é contra o chamado "mito da apatia", a obstrução emocional e a anestesia afetiva em que se concentram muitas campanhas ambientalistas, segundo o qual as pessoas não agem por não se importarem. Na verdade, a preocupação não só está presente, mas às vezes está excessivamente presente e ligada a complexas defesas inconscientes. Precisamos parar de nos preocupar e de pensar na nossa finitude em relação a um ambiente supostamente imutável e inquebrável. Antes, deveríamos nos preocupar com o risco de desaparecer junto com o meio ambiente devido ao nosso comportamento.

Para termos uma relação autêntica com um mundo dinâmico e incerto, é fundamental integrar, e não evitar, nossa ambivalência e nossos sentimentos angustiados de perda. Magnenat (2019c) destaca que as experiências das relações iniciais são constituídas por sucessos e fracassos na comunicação e pelo desenvolvimento ou interrupção do pensamento. Carregamos dentro de nós os traços da "nossa dualidade fundamental", resquícios de experiências que se infiltram tanto na "parte não psicótica da nossa personalidade" (caracterizada por realismo, criatividade e mentalização), que ele chama de "sapiens", quanto na "parte psicótica da nossa personalidade" (caracterizada por distanciamento da realidade, narcisismo, destrutividade e desmentalização), que ele chama de "demens". Essas experiências reaparecem sempre que ocorrer uma rápida mutação das fases históricas de uma cultura, quando as pessoas que garantem as estruturas de sustentação e enquadramento das nossas sociedades desistem ou desaparecem, como acontece hoje, com a humanidade separando-se do seu ambiente e mergulhando-o na crise. A angústia em relação à extinção da nossa espécie, bem como a fé no nosso futuro, poderia não ser nada além de sintomas coletivos contemporâneos de um estado de transição na nossa civilização, um estado que poderia nos permitir a aquisição de um ego individual e um superego cultural impulsionados por valores ecológicos.

Ambientalismo sem reservas como defesa

O movimento ambientalista tem méritos históricos evidentes na luta para preservar, reduzir e reparar os danos ecológicos. Dito isso, devemos discutir alguns aspectos contraditórios na história e na ideologia do movimento, no intuito de evitar cometer erros de avaliação e comunicação que reduzam a força da mensagem ambiental.

A adesão conformista e fanática à ideologia ambiental pode marcar um refúgio em relação ao medo de sentir, pensar e se comparar com os outros. Como tal, essa adesão é um mecanismo de defesa que aparentemente valoriza de maneira idealizada a relação do homem com a natureza, mas na verdade a minimiza. Isso ocorre quando tornamos a relação retórica e substancialmente desinteressante. As pessoas assoladas por um desejo nostálgico de retornar a um passado e que consideram todas as mudanças que o progresso trouxe como elementos de destruição de um passado feliz e idílico são nada menos que reacionários (Lilla, 2016).

Devemos prestar muita atenção ao chamado ponto de vista conservador da noção de natureza e desconfiar do fundamentalismo naturalista. Isso porque é um fato histórico que a interpretação da noção de natureza e do que é natural teve um estatuto ambivalente. Por um lado, a noção de direitos naturais, que mais tarde se tornaram direitos humanos, significava condições iguais para todos, contra todos os preconceitos étnicos e raciais. Por outro, a noção de natureza foi utilizada para legitimar o poder religioso e político por meio da repressão de atos e práticas que, ao longo de diferentes períodos históricos, foram definidos como "contra a natureza" (Esposito, 2020). Se a noção de natureza for construída como o oposto do que é julgado como artificial e manufaturado, nesse sentido, pode excluir como anormal e lamentável tudo o que não satisfaz a uma suposta normatividade (Chiffoleau & Thomas, 2020).

A aprovação acrítica do mundo natural, em que, parafraseando o *Cândido* de Voltaire (1759/1991), tudo funcionaria para o melhor no melhor dos mundos possíveis, a dramatização obsessiva dos mecanismos de defesa ambiental, o uso continuado de tons alarmistas e interpretações apocalípticas, a oposição ao progresso científico, tudo isso pode promover processos de fusão magmática, a substituição dos processos de simbolização e uma identificação com uma mentalidade de grupo no pressuposto básico da sustentação de idealizações em alucinose (Schinaia, 2019c).

A "natureza" da ideologia ecológica é uma construção tardia da cultura, não a redescoberta de um estado básico autêntico (André, 2020).

Slavoj Žižek (1992) adverte contra a "ecologia do medo", uma forma de ativismo compulsivo que pode ser chamada de "moralismo ambientalista superegoico". Essas atitudes são contraproducentes, pois promovem uma angústia rígida e extrema, o prelúdio do desespero e do pânico. O terrorismo climático, por exemplo, pode promover o surgimento de angústias persecutórias e primitivas e até a ativação de defesas psicóticas.

Mireille Fognini (2020) denuncia como politicamente oportunista o ativismo de alguns grupos que ela define como "oligarquias ecológicas" e prejudiciais à ecologia científica. Assim, sublinha que os exageros de um proselitismo doutrinário e doutrinador, quando não sectário, sob a égide de um ativismo verde intenso e radical, têm provocado reações passionais contraditórias, reforçando cisões e sentimentos de impotência subjetiva.

Para Ambrosiano e Gaburri (2013), a autossatisfação identificatória pode assumir uma dimensão social de massa não individualizada. Isso pode encontrar expressão até mesmo num aparente anticonformismo. Toda ideologia, mesmo a mais vital e com as melhores intenções, como o ambientalismo, pode adotar o fanatismo e a impulsividade.

O Painel Intergovernamental sobre Alterações Climáticas encomendou recentemente ao Climate Outreach um manual de comunicação baseado em evidências para os redatores do painel. Esses princípios consideram tanto a incerteza intrínseca da climatologia como o fato de que os valores e as regras sociais influenciam intensamente de que modo a informação ambiental é experienciada e traduzida em comportamentos manifestos.

Apesar da urgência da discussão sobre as consequências dos nossos hábitos alimentares, essa discussão corre o risco de ser interrompida por um confronto fanático que só produz fúria e mágoa. Alguns veganos defendem firmemente os direitos dos animais e o antiespecismo e, em virtude do valor inquestionável das suas escolhas alimentares, usam frequentemente tons integralistas para apelar ao terrorismo psicológico. Do outro lado estão aqueles onívoros que, sentindo-se injustamente criminalizados pelos veganos fanáticos, exibem um sarcasmo superficial e indiferente que não reconhece o valor ético das convicções veganas (Niola, 2020).

Cada um de nós precisa ser protegido na nossa atual situação ambiental, caracterizada por tanta destruição de tantos tipos, em tantos lugares, afetando tantas pessoas e outras criaturas, sem fim à vista. Não é surpresa que os ativistas ambientais se queixem da apatia difusa que acompanha seus esforços para despertar preocupação (Nicholsen, 2002).

O reconhecimento do problema está estritamente ligado à impossibilidade desesperada de resolvê-lo. É impossível responder à esperança maníaca de reparação por meio de soluções fáceis (uma esperança seguida de desilusão e do fim das expectativas se a solução não chegar rapidamente, no tempo desejado e inadiável) com uma esperança madura e depressivamente operativa que contorna o infantil "tudo e agora". Ao contrário, é possível responder com a aceitação niilista e passiva dos danos sem qualquer esperança de mudança, uma aceitação que é uma forma de angústia que pode ser chamada de "ecoangústia" e se relaciona estritamente com a experiência da inevitabilidade de uma catástrofe.

Deve-se acrescentar que os esforços direcionados imediatamente para ações de mudança ambiental podem falhar por não considerarem investimentos afetivos confusos, memórias, desejos e perdas (Lertzman, 2015), elementos que informam nossas respostas ambientais e produzem disparidade entre o nível de consciência, preocupação e capacidade de avaliação das nossas ideias sobre os danos ambientais e as consequentes ações e práticas a adotar. Essas ações e práticas exigem um impulso incrível, mas muitas vezes não se baseiam no pensamento consciente.

O movimento de protestos ambientais, cuja líder hoje é Greta Thunberg, é necessário e louvável e abala a consciência. Para ser verdadeiramente eficaz, deve estar ligado à complexidade das questões ambientais e às ações a serem adotadas e considerar todos os aspectos políticos, econômicos, científicos, sociais e emocionais em jogo.

John Steiner (2018) explora a dimensão atemporal dos retiros mentais idealizados apelando para a chamada "ilusão do Jardim do Éden", onde o tempo não passa, tudo é perfeito e nada pode mudar, não há desenvolvimento, frustração, perda, paixão. Se o trauma da desilusão ocorrer de forma muito abrupta, ou o sofrimento da espera for muito intenso, são montadas defesas contra o impacto da realidade. Essas defesas levam a uma deturpação da realidade da vida em que as experiências que implicam tempo são recusadas em favor de soluções instantâneas baseadas no pensamento onipotente.

Perdas e conflitos geram movimentos defensivos como negação, distanciamento, apatia. Uma boa estratégia poderia ser nos tornarmos emocionalmente seguros, a fim de criar áreas de diálogo e colaboração para reduzir a intensidade das nossas defesas, partilhar nossos mundos internos e nos conectarmos com nossa criatividade e nossa capacidade de reparação. Criar condições de participação, evitar julgamentos drásticos, reduzir o espaço do "superego ambiental", promover a colaboração, melhorar o espaço do "ego ambiental" de modo a conter e regular os efeitos da crise ambiental – todos são meios de animar as pessoas a explorarem seus dilemas interiores e promoverem consideração e criatividade.

Uma política capaz de enfrentar o desespero, a perda e a paralisia emocional é muito mais útil do que uma política que culpa, dá espaço a um terror apocalíptico em relação às mudanças ambientais, ou simplesmente propõe uma lista de boas e corretas práticas para salvar o planeta, sem levar em conta de que maneira as dificuldades emocionais impedem as pessoas de compreenderem e colocarem essas práticas em ação.

Num discurso que proferiu em memória das vítimas de desastres ambientais na província de Belluno, em 12 de março de 2019, o presidente italiano Sergio Mattarella observou que, na proteção da terra, reside o risco de tentativas maníacas de adotar medidas simplistas e soluções insuficientemente pensadas. Sublinhou a necessidade de aprender com a experiência: sem experiência, a continência e a ordenação não podem produzir resultados positivos. Ao contrário, podem produzir resultados negativos que violam protocolos estabelecidos e perturbam equilíbrios antigos que precisam ser defendidos.

A cisão entre natureza boa e natureza má

Weintrobe (2013c) reflete sobre a dificuldade de reconhecer nossa dependência mental da natureza, os mecanismos de defesa de cisão e negação que usamos para controlar as emoções e os sentimentos desagradáveis que essa realidade provoca e a necessidade de elaborar o luto antes de confrontarmos com criatividade as condições ambientais modificadas em que vivemos. Ela propõe uma distinção entre o amor genuíno e o amor idealizado pela natureza, esse último baseado na cisão. Em oposição ao amor idealizado, o amor genuíno considera que a natureza não é pura em princípio, isto é, um espaço imaculado, original e primordial, mas algo limitado e imperfeito, como é o nosso amor por ela.

A ideia de uma Terra outrora imaculada é um mito contemporâneo segundo o qual uma natureza em princípio pura é contaminada pelo progresso fatal que lhe foi imposto pelos humanos maus. Uma natureza que se transforma em uma Erínia em busca de vingança pelas feridas que o progresso lhe infligiu é uma fantasia típica alimentada por nosso sentimento de culpa. Dessa fantasia surge a ideia da natureza como uma agência reguladora que julga as pessoas que se desvinculam de uma suposta lei natural *a priori*, culpadas de um crime contra a natureza. A relação natureza-cultura e natureza-progresso deve estar no centro de um debate que envolve os psicanalistas na busca de um equilíbrio que possa contornar tanto os apelos nostálgicos e reacionários como os planos impensados para o futuro. Muito em breve, o debate deve resultar numa transformação que beneficie o ambiente.

Então há um consumismo da natureza, o oposto do amor autêntico pela natureza. Aqui a natureza surge imaculada e intocada, por vezes selvagem e aventureira: tornou-se um produto de mercado idealizado em pacotes de férias com tudo incluso para turistas que não querem surpresas. Trata-se de uma artificialização invasiva da natureza, um processo intrusivo que conduz a áreas protegidas e fechadas que impedem o contato com o mundo ao redor e proíbem a entrada de populações indígenas.

Turista é a pessoa que sai com a vaga esperança de encontrar em outro lugar o que tem em casa. O turismo tem sabor de uma vida de convívio ainda cheia de significado. Mas o turista de hoje encontra lugares modelados de acordo com o princípio da gestão econômica, em que toda a espontaneidade foi erradicada para converter o que é real em economia de mercado e depois reconstruída como cenário. Nessa atmosfera desumanizada, o turista fica aprisionado numa organização extremamente eficiente e lucrativa e utiliza o seu (na verdade muito pouco) tempo livre, destruindo com a sua presença o que veio encontrar (Christin, 2014).

Žižek (2007) reconsidera a expressão usada por Timothy Morton (2007) e define como "ecologia sem natureza" o fenômeno por meio do qual veneramos romanticamente a natureza, fazendo nossas próprias projeções e alternando idealização e difamação.

Precisamos tolerar nossos sentimentos ambivalentes em relação a uma natureza que pode nos dar tanto vida como morte. Precisamos reconhecer nossas limitações, ou seja, o fato de sermos limitados nas nossas competências transformadoras e de que o planeta nem sempre pode tolerar nossas intervenções transformadoras (Ambrosiano, 2016).

Muitos ambientalistas distinguem de forma simplista os "bons indígenas", que vivem em harmonia com a natureza, e a sociedade tecnológica ocidental, que rompeu esse vínculo virtuoso e íntimo e nos levou ao ecocídio. Essa perspectiva não considera que as grandes descobertas científicas e tecnológicas foram fundamentais para a melhoria da vida e interpreta cada inovação como um perigo potencial, uma terra incógnita, semelhante ao que os cartógrafos antigos relataram como *hic sunt leones* (aqui estão leões), um sinal de alerta que nos força a nos desligar do que é conhecido ou familiar e nos convida à repetição. Uma máxima antiga (e certamente mais conservadora do que prudente) é: "É melhor um mal conhecido" do que o mal desconhecido.

É obrigatório criar e desenvolver uma nova bioética para o futuro, aceitando a complexidade de uma realidade global em que o "bom" e o "mau" não podem ser facilmente individualizados e distinguidos, em vez de fantasiar a recriação da certeza nostálgica de uma época e um lugar no passado onde alguns grupos de pessoas viviam numa espécie de Éden em harmonia natural com um ambiente puro. Essa fantasia nada mais é do que o resultado de nossas projeções idealizadoras românticas.

Scaffai (2017) argumenta que devemos evitar tanto um paradigma holístico confuso quanto um paradigma separatista clássico (isto é, o dualismo entre *res cogitans* e *res extensa* defendido por Descartes). O primeiro, muito presente no pensamento ambientalista, coloca o humano e o não humano no mesmo patamar sem considerar situações e contingências históricas; o último legitima o controle cartesiano do espírito sobre a matéria. Ambos os paradigmas são insatisfatórios para Scaffai, que propõe e defende um paradigma distinto que transforma a distância entre o ego e o mundo externo em algo positivo. A inversão de papéis e posições entre sujeitos e objetos, indivíduo e contexto, ser humano e animal põe em crise a lógica de controle e domínio que está na base do paradigma separatista e dualista. É ilusório imaginar-nos em unidade com o universo, seguindo uma espécie de ideal nostálgico e regressivo de natureza idílica, sem considerar distinções e diferenças, por vezes substanciais, que ocorreram por razões históricas evolutivas. Isso levou a separações e dicotomias tranquilizantes como novo *vs.* velho, presente *vs.* futuro, limpo *vs.* sujo, funcional *vs.* não funcional.

Consideremos a exortação apaixonada de Ulisses aos seus companheiros de viagem para ultrapassarem os Pilares de Hércules, a última fronteira do mundo conhecido, para serem seguidores do valor e do conhecimento (Alighieri, 1314/2013, Inferno, canto XXVI, versículos 90-142).

Deveríamos interpretar essa exortação como um convite a trabalhar na integração do anseio irreprimível e corajoso pelo conhecimento e pelo progresso típico da natureza humana com a consciência depressiva (mas também corajosa) das nossas limitações, uma virtude que os críticos literários muitas vezes não consideram.

A metáfora de Bateson (1972) do acrobata que permanece suspenso no vazio e, para não cair, precisa da máxima liberdade possível para passar de uma posição instável para outra representa a condição emocional e existencial do homem moderno. Essa condição se caracteriza não só pela alternância conflituosa de mecanismos de defesa, mas também por processos lentos e contínuos de consciência individual e grupal e de reconhecimento depressivo dos limites do progresso e da própria condição humana.

Em suas notas póstumas publicadas com o título *La Fine del Mondo*, Ernesto De Martino (1977/2019) utiliza uma expressão muito instigante: catástrofe vital.

9. O conflito do equilíbrio trabalho-saúde

Pequenas lembranças

Eu nasci em Taranto, a cidade dos dois mares da Apúlia, que foi a maravilhosa capital da Magna Grécia. Entre as muitas memórias da minha infância e adolescência, os frutos do mar de Taranto ocupam certamente um lugar central. Na verdade, fazem parte de vários episódios da minha vida que a minha memória fixou de forma indelével. Quando eu era criança, todos os anos após o término das aulas, passava o verão com minha mãe e meus irmãos em Lido Venere (praia de Vênus), na costa jônica, ao norte da Calábria. Pegávamos o ônibus, continuávamos a pé e atravessávamos uma pequena ponte de madeira na foz do pequeno rio Tara, cujo nome provavelmente vem de Taras, o mitológico fundador de Taranto. As águas frias de Tara separavam os banhos de Lido Venere dos de outra praia chamada Pino Solitario (pinheiro solitário), localizada na margem oposta.

Víamos a praia começando do alto, com dunas de areia dourada cobertas de lírios brancos selvagens, e depois descendo, após as filas de cabanas de madeira e dos moinhos com telhados de cana, numa grande orla que terminava na água transparente do mar.

Nós, quando crianças, costumávamos ficar na água até nossos lábios ficarem roxos. Mas quando os adultos nos chamavam para sair, antes de deixar o mar, enfiávamos as mãos na areia e, sem nenhum esforço, recolhíamos punhados de berbigões. Depois de retirá-los da areia, minha mãe os cozinhava para o jantar com molho de tomate para temperar o espaguete. Quando fiquei mais velho, os berbigões foram substituídos por amêijoas, que eu recolhia onde o mar era mais profundo, mergulhando repetidamente embaixo d'água.

Durante alguns anos morei no centro histórico de Taranto. Minha avó tinha uma loja de pesca perto da praia. As paredes da loja exalavam um cheiro característico de mar e corda. Usava o pouco dinheiro que ela me dava para comprar um punhado de vieiras. Um vendedor ambulante as abria na minha frente enquanto eu esperava.

Todos os domingos meu pai trazia para casa uma cesta cheia de ostras, que abria habilmente para toda a família como entrada para o almoço. Quando completei 14 anos, ele anunciou com muita seriedade que eu estava crescendo e isso significava que deveria aprender a abrir as ostras: abrir as ostras seria um rito de passagem na minha narrativa familiar.

Depois de muitos anos, procurei aquela praia, mas não a encontrei. Perguntei-me se não estaria à procura de uma praia idealizada, de um lugar na minha mente, de uma imagem distorcida pela memória enganosa de alguém que ficou muito tempo afastado. Infelizmente, não foi esse o caso. Não era uma lembrança falsa: a praia onde brinquei durante muitos anos havia desaparecido. Fiquei amargurado e enraivecido. Dei uma olhada na foz do rio Tara e percebi que ele havia se desviado parcialmente e passava por resíduos e poluição. Agora ficava num pedaço de terra com pinheiros moribundos, que não fazia parte da cidade nem do campo.

Nem sequer é uma área industrializada. É um lugar morto e aterrorizante.[1] Pareceu-me que, apesar da proximidade das chaminés industriais e dos guindastes do porto, o Tara estava mais degradado do que poluído. O mesmo aconteceu com a praia: quase desapareceu porque foi ocupada por uma das estruturas construídas para a Ilva, o cais avançando mar adentro por cerca de 1,3 mil metros. O cais foi construído colocando no fundo do mar caixões de concreto cheios de resíduos tóxicos da indústria siderúrgica. Principalmente nos dias de vento, o cais se transformava em aterro fétido, assim como os chamados morros ecológicos, entre o complexo siderúrgico e o bairro Tamburi, originalmente construídos para conter a poeira mineral.[2] A construção do cais levou à erosão da praia.

No lugar das dunas douradas da minha infância, havia uma praia residual, já não clara e brilhante, mas dura e mista. Em virtude do depósito de coque de carbono, uma espécie de manta cinza-escura cobria tudo. O mar ficou mais escuro com tons esverdeados. A *Posidonia oceanica*, que chegava à costa, havia desaparecido. A cor das ruas ao redor era avermelhada por causa do pó de coque de carbono acumulado nas margens das estradas, incrustando as grades de proteção. O resíduo de ferro vinha da Italsider, a maior produtora de aço da Itália. A fábrica fora construída na década de

1 Naïma, a personagem principal do romance *The art of losing*, de Alice Zeniter, é uma imigrante da terceira geração nascida na França. Ela conta sua consternação ao comparar a bela Argélia de que seus avós e seus pais lhe falavam com as árvores cheias de sacos plásticos que vê quando chega à Argélia pela primeira vez.

2 Em fevereiro de 2019, a Carabinieri (a polícia italiana) colocou sob apreensão preventiva os chamados morros ecológicos, seguindo uma medida de emergência emitida pelo Ministério Público de Taranto. Os morros ecológicos são um enorme aterro ilegal com muitas toneladas de resíduos industriais que contêm substâncias extremamente tóxicas e cancerígenas. Em 2021, foi imposta uma pena de 18 a 22 anos de prisão por desastre ambiental a todos os responsáveis (propriedade e gestão) da fábrica central da Ilva.

1960, quase simultaneamente à minha partida de Taranto para estudar Medicina no norte de Itália, na Universidade de Pavia.

Adeus, berbigões e amêijoas da minha infância! As águas do mar Piccolo,[3] mar interior de Taranto, uma baía onde se encontravam alguns dos melhores viveiros de mexilhões e ostras, estavam poluídas por dioxinas em virtude de problemas naturais de troca de água. Tive a mesma sensação de Pasolini (1975) ao descrever, no início dos anos 1960, o desaparecimento dos vagalumes, devido à poluição do ar, e dos rios azuis e canais límpidos, sobretudo no campo.

Parentes e amigos me aconselharam com firmeza a ficar longe de frutos do mar, principalmente os crus. A poluição destruiu minhas memórias de infância, até as olfativas, e obrigou-me a enfrentar de maneira autêntica minha ignorância das transformações ocorridas.

Cesare Pavese (1950/2002) perguntou-se como seria possível aos 40 anos, e com tudo o que tinha visto ao redor do mundo, ainda não saber o que seu país é. Como ele, eu não conseguia mais entender o que eram e o que haviam se tornado os lugares da primeira parte da minha vida.

Segundo Alberto Manguel (2007), costumávamos sair de casa à força ou por opção, como exilados e refugiados, imigrantes,

---

3 Mar Piccolo (mar pequeno) é um mar interior ao norte de Taranto. É uma baía semifechada formando duas enseadas, uma a leste e outra a oeste. Ambas as enseadas estão ligadas ao mar aberto, mar Grande (mar grande), por dois canais que tocam a Cidade Velha, o canal natural da Porta Napoli e o canal artificial navegável que separa a Cidade Velha da parte restante (e mais extensa) da cidade. As penínsulas de Punta Penna e Pizzone separavam originalmente as duas enseadas do mar Piccolo. Em 1977, Punta Penna e Pizzone foram ligadas pela ponte Aldo Moro. A água do mar Piccolo é adoçada pelas águas de muitas nascentes subaquáticas chamadas *citri*, que criaram o hábitat hidrogeológico ideal para o cultivo de mexilhões e ostras, e pelas nascentes de rios como o Tara, o Galeso e o Cervaro.

viajantes ou simplesmente por termos sido atraídos por outras paisagens e civilizações. Mesmo quando declaramos fidelidade a determinado lugar, aparentemente estamos sempre nos afastando dele. Isso se deve em parte à nossa natureza nômade e em parte às flutuações da história: nossa geografia está mais fundamentada numa paisagem fantasmagórica e mental do que numa paisagem física. O lar é sempre um lugar imaginário.

A paisagem é o espelho mais confiável da sociedade, que a cria, alimenta, fortalece, mas também pode destruí-la, aniquilando sua memória coletiva e, basicamente, a si mesma numa espécie de impulso suicida (Settis, 2013).

Adeus, vieiras e ostras!

Uma curta história de uma área industrial

A pedra fundamental da siderúrgica estatal Italsider foi assentada no início da década de 1960, perto da cidade, a dois passos do bairro de Tamburi. Em 1964 foi acionado o primeiro alto-forno. Em 1965 ocorreu a inauguração. Esses são os anos de desenvolvimento e *boom* econômico e estão bem representados nos processos de produção de aço descritos no romance *Swimming to Elba*, de Silvia Avallone (2010/2012).[4] Nesse romance, Avallone escreve que o me-

---

4 *Swimming to Elba* é um romance social que descreve a vida profissional de Piombino, muito semelhante à de Taranto. Piombino é uma cidade costeira da Toscana situada entre dois mundos, o da siderúrgica, com seu alto-forno que destrói seres humanos, e o da ilha de Elba, descrita como um paraíso inacessível. Do esplendor passado da fábrica Lucchini, que na década de 1960 empregava mais de 20 mil trabalhadores distribuídos em quatro altos-fornos, só resta o "Afo4", o forno número 4, e os 2 mil homens que nele trabalham, dos quais os mais jovens têm entre 16 e 17 anos, lutando com "o laminador que transforma um tarugo de aço em um feixe de fios e vergalhões de aço com peso específico exponencial". Avallone retrata a siderúrgica como uma das protagonistas, como um organismo que não só causa medo pelas suas dimensões e

tal estava em toda parte, em processo de nascimento. Era possível ver cascatas de aço, ferro fundido brilhante e luz viscosa. Era como ver torrentes, corredeiras, rios de metal fundido fluindo pelas linhas de fluxo, entrando nas ampolas das panelas e despejando nos distribuidores para drenar nos moldes das fornalhas e dos trens. Cada vez que se olhava para cima, era possível ver fumaça gordurosa e som robótico se fundindo de maneira turva. A matéria-prima foi transformada noite e dia. Minérios e carvões chegaram por mar. Foram descarregados de enormes cargueiros atracados ali no porto industrial. O combustível corria por correias transportadoras suspensas, rodovias aéreas e viadutos, percorrendo e viajando intermináveis quilômetros desde as docas até as torres de carvão e o forno de coque, e então precipitando-se para o alto-forno.

Na década de 1980, a indústria siderúrgica está em crise. Na década de 1990, a Italsider é vendida a um grupo industrial privado e passa a se chamar Ilva. O novo grupo privado adota um estilo assertivo em relação aos funcionários e promete garantir o direito ao trabalho a todos para mascarar o uso de chantagem no local de trabalho. Em 2006, o trabalho com metais tóxicos na fábrica da Ilva em Gênova foi suspenso após muitas atividades sindicais e protestos públicos. A empresa apenas transfere essa obra para Taranto, aumentando os níveis de poluição daquela fábrica. Por exemplo, em 2008, 1,2 mil ovelhas contaminadas com dioxinas foram mortas e os animais foram proibidos de pastar num raio de 20 quilômetros da fábrica. Em 2018, a ArcelorMittal,[5] uma siderúr-

---

pelo seu poder devorador, mas também fascina pelo espetáculo noturno que proporciona. É um organismo de transformação, um monstro cujas máquinas, ou seja, suas entranhas, têm um ritmo freneticamente destrutivo.

5 A ArcelorMittal adquiriu a fábrica por meio de licitação pública e prometeu respeitar importantes cláusulas de salvaguarda. No entanto, ao mesmo tempo, obteve impunidade por crimes ambientais durante cinco anos. Isso significou que, assim que a fábrica retomou a produção em plena capacidade, os níveis de poluição voltaram ao máximo. Em 2019, a ArcelorMittal ameaçou rescindir

gica multinacional, compra a fábrica de Taranto. Um ano depois, a ArcelorMittal ameaça sair, cessar todas as atividades e provocar desemprego. É importante notar que essa é a maior siderúrgica da Europa: inicialmente empregava 25 mil trabalhadores, agora emprega cerca de 8,2 mil.[6]

Na minha opinião, a indústria em Taranto é um elefante branco e não, como alguém disse de maneira retórica, um monumento à modernidade. Na verdade, por suas enormes dimensões, teve impacto traumatizante sobre o solo, o que acelerou a expansão urbana: para construir casas para os trabalhadores que se deslocavam do campo, Taranto passou por uma urbanização confusa, caótica e desequilibrada.

Cristina Zagaria (2013) descreve a área industrial nestes termos: 15 milhões de metros quadrados, 2 mil quilômetros de vias, 50 quilômetros de estradas, 16 fábricas, 5 altos-fornos e a E312, a chaminé mais alta da Europa. O núcleo da fábrica de Taranto é a área quente de trabalho, com muitas coquerias e 256 fornos e, consequentemente, suas emissões e vapores. Por fim, há os parques minerais: 80 hectares – que correspondem a mais ou menos 100 campos de futebol – repletos de coque, ferro e calcário. Esses parques dispersam no ar 700 toneladas de poeira venenosa todos os anos.

Da mesma maneira que Zagaria, Alessandro Leogrande (2018) descreve o antigo terreno da Italsider como um imenso território de 2 mil hectares, repleto de chaminés, acúmulos de ferro fundido, áreas de armazenamento: ocupa mais espaço do que a cidade. É um mundo à parte, uma cidade além da cidade.

---

o contrato depois que o governo italiano aboliu a imunidade para crimes ambientais anteriormente concedida.

6 A ArcelorMittal emprega 20 mil pessoas ao redor do mundo.

Em virtude da emissão de dioxina, berílio e bifenilas policloradas (entre as substâncias mais tóxicas e cancerígenas), a produção de aço tem sido uma fonte de poluição ambiental devastadora. Isso levou ao aumento objetivo de doenças relacionadas à poluição ambiental, especialmente em crianças. Por essa razão, em 2010, o prefeito de Taranto emitiu uma ordem proibindo as crianças do distrito de Tamburi de brincarem ao ar livre em espaços verdes. Esse distrito fica fora dos muros da área industrial. As paredes de todos os edifícios estão totalmente enegrecidas, todos os jardins carecem de verde porque os gases secaram as árvores. O aumento das mortes por câncer atingiu o dobro da média nacional (Leogrande, 2018).

Segundo Daniela Spera, conhecida como Erin Brokovich[7] de Taranto, cuja história é contada por Zagaria (2013), Taranto foi lentamente envenenada pela indústria, pela ganância, pela ignorância, pelo silêncio dos políticos, pela necessidade de trabalhar, pelos jogos sujos dos sindicatos, pelo medo de reagir das pessoas. A população de Taranto permitiu toda essa situação. O veneno fez efeito e a dose tornou-se letal.

O Papa Francisco (Bergoglio, 2015) reflete sobre os imensos desastres ambientais e seus consequentes efeitos sociais, culturais e perturbadores em comunidades inteiras, como Taranto. Pelo contrário, ele visualiza a cidade como um organismo aberto e compartilhado que respeita tanto o ambiente como todas as diversas necessidades da sua população. Devemos também proteger as áreas

---

7 Erin Brokovich foi fundamental, de forma notória, no processo bem-sucedido contra a Pacific Gas and Electric Company em 1993, por contaminar a água potável de Hinkley, Califórnia, com cromo hexavalente por mais de trinta anos. A Pacific Gas and Electric foi obrigada a pagar a maior indenização em uma ação judicial direta na história dos EUA, US$ 333 milhões. A história foi contada no filme *Erin Brokovich*, de 2000, dirigido por Steven Soderbergh e estrelado por Julia Roberts.

comuns, os marcos visuais e as paisagens urbanas que aumentam nosso sentimento de pertencimento, de ter raízes, de "sentir-se em casa" numa cidade que nos contém e nos aproxima. É crucial que as diferentes partes de uma cidade sejam integradas e seus residentes desfrutem da cidade como um todo, em vez de ficarem confinados a um único bairro e não verem a cidade mais ampla como espaço passível de ser partilhado com outras pessoas. As intervenções que afetam a paisagem urbana devem ter em conta como diferentes elementos considerados em conjunto podem formar um todo que seja percebido por seus habitantes como um quadro coerente e significativo para suas vidas. Para o Papa, são lindas as cidades que estão repletas de espaços que conectam, relacionam e favorecem o reconhecimento das outras pessoas até no seu desenho arquitetônico.

Entre o passado e o futuro

Existem duas Tarantos. A primeira é a cidade da memória nostálgica, como foi outrora, simultaneamente marítima e agrícola, habitada por estaleiros e militares, camponeses, criadores de mexilhões, pescadores, mas também por intelectuais firmemente enraizados na cultura local. A última é a chamada Taranto pós-Ilva, a cidade que deve pagar um preço inaceitável pela poluição atmosférica, pela perturbação da sua paisagem urbana e pela ausência de condições mínimas para um nível adequado de saúde. No entanto, na Taranto pós-Ilva, o comércio e, portanto, o bem-estar econômico aumentam: o padrão de vida individual e grupal melhorou e a maioria das pessoas já não mora em casas degradadas. A maioria dos jovens agora tem a oportunidade de estudar.[8] Este é um dilema ou ambiguidade que surgiu quando a indústria siderúrgica chegou à cidade: as pessoas foram obrigadas a escolher entre saúde

8 É importante notar que muitos jovens emigram para o norte da Itália ou para fora do país.

ou trabalho, bem-estar ou degradação ambiental. Esse é o dilema extremamente doloroso que enfrenta a brutal realidade atual: cada vez mais patologias e mortes provocadas pela poluição.

Em relação a esse dilema, existem duas posições. A primeira é representada pelos defensores do direito ao trabalho e, portanto, da manutenção da siderurgia. Eles defendem um novo modelo de desenvolvimento baseado no tratamento de solos e águas subterrâneas poluídos. Em outras palavras, mudariam radicalmente o presente e trariam plena sustentabilidade ambiental. A segunda posição é representada pelos defensores do direito absoluto à saúde, que, de forma nostálgica e utópica, invocam a eliminação da indústria. São ambientalistas intransigentes que sonham com o potencial absoluto do turismo numa área que, após o tratamento, recuperaria a sua beleza original.

Há alguns anos fui convidado para ir a Taranto para apresentar um livro meu sobre psicanálise e arquitetura. Quando abordei a questão da restauração e da regeneração da cidade velha, desencadeei um debate animado sobre Taranto e a sua relação com a industrialização e o ambiente vital – um exemplo paradigmático das contradições dos nossos tempos. Mais uma vez, houve apoiadores da Taranto da memória e da nostalgia e aqueles que apelam para a industrialização responsável, os apoiadores da Taranto atual, que traz bem-estar econômico, mas também patologia e morte.

O conflito entre saúde e trabalho, ambos valores fundamentais na base dos direitos humanos, é terrivelmente angustiante; eu diria que é inaceitável. É absurdo. As pessoas não devem ser forçadas a escolher entre saúde e trabalho, entre o direito ao bem-estar econômico – sob coação, por meio da ameaça de desemprego e miséria – e o direito de viver num ambiente bonito e saudável. Quando as pessoas se sentem em perigo – quando seu bem-estar econômico, seus meios de subsistência, suas casas, sua capacidade de alimentação estão em xeque, mesmo que esses elementos básicos sejam garantidos por uma indústria que polui a sua vizinhança e ameaça o futuro dos seus filhos –, elas acabam apoiando posições insustentáveis ou contando a si histórias de soluções engenhosas que poderiam ser encontradas para reduzir danos futuros. As pessoas endossam aquilo a que se oporiam efetivamente em diferentes condições emocionais e contextos sociais.

Segundo Weintrobe (2013b), nossa identidade e nosso status relacionam-se intimamente com nosso estilo de vida. Nas sociedades consumistas, somos encorajados ativamente a expressar nosso senso de identidade por meio de bens materiais e desencorajados a considerar qualquer coisa que possa lançar dúvidas sobre esse senso de identidade. Sabemos muito bem que, ao abandonar um estilo de vida insustentável e consumista, estamos ameaçando a parte da nossa identidade de que não temos plena consciência, mas que lutamos com afinco para preservar.

Quando estamos traumatizados ou somos chantageados, somos menos capazes de pensar positivamente e de imaginar alternativas. Ao contrário, tendemos muito mais à resignação e a nos afastarmos da ação livre. Nessas condições, podemos nos identificar com o agressor.[9] Outro mecanismo de defesa é a apatia, a incapacidade de experimentar qualquer forma de empatia.

Em *É isto um homem?*, Primo Levi (1947/1959) descreve a experiência subjetiva nos campos de concentração nazistas em termos de apatia como uma anestesia emocional-afetiva ou incapacidade de desespero. O homem tornou-se um objeto para outras pessoas.

---

9 Ferenczi (1932/1949, 1988) e Anna Freud (1936/1979) definem e desenvolvem o conceito de identificação com o agressor. Quando a força de uma autoridade é tão impressionante que assusta, essa condição de muito medo leva a vítima a submeter-se automaticamente à vontade da autoridade, a prever e antecipar os seus desejos, a obedecer cegamente, a identificar-se completamente com ela.

Entre Gênova e Taranto

Ao mesmo tempo, de maneira diferente, também vivi um conflito doloroso. Na verdade, em 2006 estava em Gênova, cidade onde moro e trabalho. O movimento de mulheres de Cornigliano, na zona oeste de Gênova, onde a fábrica de aço da Ilva foi construída com o apoio de todos os cidadãos, forçou a fábrica a parar todas as atividades de aço quente porque a poluição estava causando graves doenças mentais e físicas nas áreas circundantes. A empresa simplesmente transferiu esse trabalho sujo para a sua fábrica de Taranto. Senti-me ferido em minha identidade pessoal total, ferido por dentro, sabendo que a mesma toxicidade estava agora sendo lançada no ar e no solo da minha cidade natal e nos pulmões dos seus residentes. Senti-me confuso: respirava ar menos poluído em Gênova e me sentia culpado porque meus familiares e amigos em Taranto respiravam todo o veneno que já não flutuava nos céus de Gênova. O sentimento de alívio e satisfação que partilhei com o povo genovês estava em conflito com a dor que senti ao saber que a empresa transferiu o problema para uma área geográfica socialmente mais fraca e com menos poder de negociação. Eu estava sofrendo porque, por meio de uma operação mental que envolvia a cisão, consegui silenciar a inaceitabilidade daquela mudança, numa espécie de abjuração das minhas origens.

Meu nascimento em Taranto – a cidade que, do centro do golfo, dá para aquela porção do mar Mediterrâneo chamada de mar Jônico – favoreceu minha chegada a Gênova, cidade costeira soberbamente aninhada num grande porto que tem o privilégio de estar no centro de um golfo banhado pelo mar da Ligúria. Após muitos esforços e tentativas para encontrar um equilíbrio, consegui preservar profundamente minhas raízes e fazer uma comparação criativa com um lugar e uma cultura diferentes, sem construir na minha mente um mito sobre a minha identidade original. Essa complexa operação mental exige o envolvimento no árduo trabalho de transformação que leva ao distanciamento das certezas oferecidas por um fácil pertencimento a um grupo cultural e à evitação de mecanismos de superadaptação conformista e compensatória.

Aceitei minha ambivalência emocional, ambivalência ao mesmo tempo insuperável e prolífica, e a negociação obrigatória em nível relacional e cultural. Assim, pude conviver com uma identidade binária e não excessivamente conflituosa. Apesar disso, a transferência do trabalho quente para Taranto pôs dolorosamente em xeque meu equilíbrio dinâmico e instável. Isso me obrigou a iniciar uma viagem histórico-sentimental ao passado, uma revisão das minhas raízes, de maneira que senti necessidade de garantir que a memória coletiva fosse respeitada e preservada, antes de tudo dentro de mim. Não consegui dar uma resposta exaustiva no nível da realidade e da ação à condição de sofrimento depressivo consequente ao exigente conflito emocional. Penso que consegui encontrar uma resposta parcial apoiando ativamente o ambientalismo, um ambientalismo antidiscriminatório e não evacuatório, um modelo de produção não prejudicial, independentemente da sua localização.

Acredito que o ambientalismo não pode ser localista, autorreferencial, afetado pela reacionária posição NIMBY (*Not in my backyard* = Não no meu quintal), incapaz de refletir sobre a ligação entre questões ambientais, sociais e mundiais. Ao contrário, deve ter um âmbito ampliado, isto é, ser de escala mundial, a fim de evitar a transferência dos processos industriais mais perigosos para partes do mundo que são muito mais fáceis de atacar ou, em essência, de chantagear.

Em virtude da natureza peculiar de todo o processo siderúrgico, a resposta não pode ser só encerrar a produção apenas para transferir o "trabalho sujo" para a China ou a Índia e para países onde a vida dos trabalhadores não tem valor e onde a ausência de leis ambientais adequadas produz ecocídios piores do que os que ocorrem em Taranto (Leogrande, 2018).

Como a psicanálise pode ajudar

A psicanálise não pode dar respostas empacotadas e consoladoras a problemas tão complexos, que envolvem ideias e decisões políticas, econômicas e sociais. Não obstante, a psicanálise pode nos ajudar a refletir sobre as questões que os indivíduos e as comunidades colocam e, assim, evitar soluções simplistas e tranquilizadoras.

Graças à psicanálise sabemos que características perversas e destrutivas da natureza humana podem ser encontradas não apenas em criminosos, pessoas más ou nas que negam veementemente as alterações climáticas, mas também dentro de todos nós.

A busca da verdade e a necessidade de harmonizar o direito à saúde e o direito ao trabalho exigem um esforço imenso, não só no nível político e social, mas também no nível emocional. Isso porque devemos lidar com dúvidas e incertezas que provocam profunda angústia e com todos os consequentes medos e sentimentos de perseguição que tendem a aumentar nas experiências grupais (Bion, 1961).

Bion (1962) descreve três maneiras de lidar com a angústia. Quando a angústia é totalmente insuportável, ela é evacuada por meio da identificação projetiva, que consiste em atribuir nossos estados mentais a outra pessoa: é uma operação inconsciente utilizada tanto pelo *self* individual como pelas entidades políticas. Quando a angústia pode ser mais bem tolerada – quando é possível pensar e passar no teste da realidade – também a realidade pode ser mais bem tolerada. Contudo, temos maior probabilidade de encontrar níveis mínimos de tolerância à angústia, controlados mais por uma espécie de superioridade moral, seguida pela procura de alguém para culpar e punir, do que por um processo que envolva conhecimento. A caça às bruxas ideológica é mais compensadora em nível emocional do que a busca de uma verdade dolorosa, que exige grande capacidade de lidar com incerteza e depressão. Nesse sentido, assistimos ao formidável ressurgimento de antigas defesas infantis como a repetição: considerar o que é familiar e já conhecido nos faz sentir mais seguros. Em vez de avaliar o que há de novo com um novo modo de pensar ou com novas ferramentas, optamos por ideologias muitas vezes polarizadas entre a catástrofe e a complacência, por vezes passando de uma posição para outra com bastante rapidez, enquanto procuramos soluções simples, sem respeitar a complexidade, a parcialidade e a imperfeição das diversas soluções possíveis. Não admira que seja fácil aceitar teorias da conspiração baseadas na cisão entre bem e mal.

Segundo Leogrande (2018), no caso do sul da Itália, assistimos ao retorno da origem do mal, localizada sempre fora e nunca dentro das nossas arenas sociais e políticas, um fenômeno não visto desde a dinastia Bourbon. Isso aumenta o vício no pior, na ausência de autocrítica, numa vitimização inútil e queixosa.

O ressentimento das vítimas[10] e a falta de reconhecimento da responsabilidade compartilhada em nível individual e grupal não são os únicos fatores que motivam a oposição à situação. Na verdade, elas não permitem nenhuma relação, apenas um padrão repetitivo, a compulsão de se expor indefinidamente ao mesmo trauma. Mantêm a passividade mental sem promover qualquer elaboração e qualquer possibilidade de transformação do trauma (Ambrosiano, 2016).

---

10 Num livro de 2013, Concita De Gregorio conta a história de um trabalhador da Ilva que colocou uma placa de mármore debaixo da sua casa com a inscrição: "Coloquei uma maldição em você!". Esse é o título do livro de De Gregorio (2013).

Devemos considerar a herança intelectual de Leogrande (2018): não podemos acusar as pessoas que colocam a dramática questão ambiental de fomentar a desindustrialização e o desemprego; ao mesmo tempo, não podemos culpar os defensores do direito à subsistência. Ambas as posições extremas baseiam-se no mesmo mito pré-moderno da imutabilidade do trabalho industrial. Uma solução possível poderia ser pedir, reivindicar e provocar uma transformação radical das áreas industriais e das relações de trabalho da indústria, bem como uma transformação radical da relação entre a indústria e a cidade.

Isso implica criar uma transição para um novo sistema de produção caracterizado pela progressiva descarbonização e emancipação da monocultura da produção de aço. Além disso, envolve a busca de um novo paradigma econômico que possa ligar o bem-estar e o crescimento, o desenvolvimento e a sustentabilidade, a inclusão e a subsistência, a coletividade e o indivíduo. A transição para um novo sistema de produção que resulte na descarbonização cumulativa e nos liberte da produção de aço exige um novo modelo econômico que inove, transforme e revitalize as áreas afetadas pela inevitável desindustrialização fóssil. Tal modelo deve sintetizar a saúde pessoal e a saúde econômica, do grupo e do indivíduo, em consonância com a "ecologia integral", com o direito não secundário, mas primário, fundamental e, portanto, inevitável à saúde de quem trabalha.

Em seu romance *Veleno*, Zagaria (2013) conta, sob o ponto de vista de Daniela Spera, diversas histórias de mulheres, homens e crianças feridos no corpo e na alma pela virulência da poluição, seus terríveis afastamento social e isolamento resultantes do sentimento de que o intercâmbio que constitui o tecido conjuntivo da humanidade foi perdido. Ouvimos as vozes, incrédulos e assustados com o surgimento autoritário do mal, sentimos a sensação de aniquilação completa e total, o desânimo e a desmoralização. Todos nós já experimentamos impotência e vulnerabilidade. Sabemos como são frágeis nossas defesas em face da verdade inaceitável dos danos.

Nessas circunstâncias, poderíamos também verificar como a sujeição resignada a uma espécie de mau destino se transformou na capacidade de denunciar e lutar. No início, isso foi permitido pelo empenho de um punhado de grandes heróis malucos e depois envolveu grupos cada vez maiores de pessoas organizadas de modo consciente.

Se quisermos efetuar uma mudança positiva, devemos enfrentar essas angústias repletas de confusão, perplexidade, raiva, ressentimento resignado, dor e medo. Detectar nossa negação é o outro lado do nosso sentimento de incapacidade de mudar o curso dos acontecimentos, mas também da nossa capacidade de enfrentar o nosso sentimento de culpa, sentimentos de vergonha, dificuldades de autoestima. Todas essas coisas são consequências de um utilitarismo míope, resultando da manipulação criminosa da verdade que fez os trabalhadores e residentes de Taranto acreditarem que a indústria lhes oferecia um bom modo de vida. Todos esses movimentos emocionais produziram cisão mental em nível individual e grupal. Essas cisões tratam de uma produção industrial que ocasionou mortes, mas também grande lucro, evidenciando a dificuldade de integração da representação do objeto em imagens articuladas.

A melancolia ambiental descrita por Lertzman (2015) possui uma dimensão ambivalente. Na verdade, a raiva pode motivar as pessoas a se mobilizarem contra a indústria pelos danos ambientais que esta inflige, mas, ao mesmo tempo, podem sentir-se em conflito e temer possíveis consequências, como a perda de emprego, o ostracismo social e parecerem ingratas pelos frutos da indústria.

O que é proposto em nível consciente – que os danos ambientais tornarão Taranto uma cidade-fantasma numa terra envenenada num futuro próximo – deve levar em consideração um drama individual e comunitário subjacente e não totalmente declarado: as pessoas e as comunidades que, no início, perceberam-se como indivíduos e comunidades que tiveram suas necessidades atendidas passaram a se sentir traídas e violadas nos seus aspectos mais íntimos, por terem sido privadas da oportunidade de confiar num mundo estável e previsível.

Para os filósofos da Grécia Antiga, psique significava "sopro refrescante". Esse conceito pode ser encontrado na tradição judaica, como afirma o Gênesis 2:7: "E formou o Senhor Deus o homem do pó da terra, e soprou em suas narinas o fôlego da vida; e o homem foi feito alma vivente". Podemos fazer nossa psique facilitar nossa respiração, reduzir seus mecanismos de defesa, se o ar que respiramos for bom e a forma de respirarmos for fácil.

No início, Taranto mostrou-se esperançosa e orgulhosa da modernização e da consequente tranquilidade econômica que dela emanava, mas depois viu-se desiludida pelo fracasso total do projeto. Não foi apenas o fracasso de uma empresa ou de uma classe dominante, mas de toda uma comunidade, sinalizando o fim da utopia da modernização.

Antonella Granieri (2016) escreve sobre uma situação semelhante em outra comunidade, a de Casale Monferrato, no Piemonte. Casale Monferrato foi a capital da produção de cimento de amianto na Itália. Tal como aconteceu em Taranto, aquela indústria forneceu o sustento e a identidade de toda a população. Ao longo dos anos, a identidade dos habitantes estruturou-se em torno da idealização de uma poderosa indústria-mãe, alimentando seus filhos com alimentos nutritivos. Porém, depois de algum tempo, ficou claro que esse alimento era tóxico, que era, na verdade, um veneno que prejudicaria por muito tempo os moradores de Casale Monferrato.

Mara Benadusi (2018) descreve a catástrofe emocional nas áreas de extração de petróleo na Sicília. Por um lado, ela relata sentimentos de salvação com conotações de abundância, bem-estar e domínio da natureza, por outro, sentimentos de maldição devidos às dimensões simbólicas e imaginárias ligadas à desastrosa cultura do petróleo.

A experiência coletiva de serem vítimas criou uma verdadeira amalgamação do grupo e pôs de lado a riqueza individual e as diferenças de classe. Ou seja, um processo defensivo grupal baseado na homogeneização e na experiência de ser vítima acabou por permitir que a população de Casale Monferrato tomasse consciência da sua necessidade coletiva de protestar. Granieri argumenta que, por meio de uma espécie de identificação em massa, a fusão regressiva tornou-se o substituto ilusório do objeto perdido. Assim, o *self* individual deu lugar a um *self* ideal grupal, que se moveu entre a sensação de serem sujeitos designados e a sensação de serem pessoas especialmente resistentes ao contágio, o que as teria salvado da morte.

Ambrosiano e Gaburri (2013) argumentam que as pessoas precisam alcançar um equilíbrio interno entre o "narcisismo", a busca por sua peculiaridade pessoal, e o "socialismo", a busca pela conexão com os outros. Referem-se a Bion, mas também à distinção proposta por Esposito (2008) entre *immunitas*, a necessidade de estar isolado e fechado dentro das suas próprias fronteiras identitárias, e *communitas*, a oportunidade de lidar com o medo do contágio quando se encontram com as peculiaridades dos outros. Para Ambrosiano e Gaburri, *immunitas* e *communitas* não são antitéticos. Na verdade, destacam que para Esposito a busca pela imunidade é um elemento fundamental da comunidade porque o vínculo pode ameaçar a identidade. Nesse sentido, é preciso deixar viva a necessidade de manter as nossas fronteiras identitárias e, ao mesmo tempo, afrouxá-las quando necessário.

A ajuda externa é essencial se quisermos lidar adequadamente com nossos processos destrutivos e promover o desenvolvimento dos recursos do nosso ego em apoio às partes sofredoras do nosso *self*. Isso não diminui a desconfiança em relação à vida e ao seu significado. É necessário encontrar sentido nos acontecimentos dramáticos da nossa vida, mas não um sentido imediato e consolador, pois isso seria de pouco consolo para quem o procura. Tentar dar sentido a algo inimaginável exige passar por um espaço mental grupal caracterizado por um sentimento de perda e luto, até mesmo de desaparecimento. Esse espaço mental grupal permite preservar um sentimento de singularidade e liberdade e está aberto à construção de vínculos de reconhecimento recíproco.

Fédida et al. (2007) destacam que algumas pessoas vivenciam um sofrimento inaceitável que parece levá-las além dos limites da imaginação. Conhecer o horror não significa ser empático com ele, mas proporciona a oportunidade de conhecer de que maneira o horror destrói nossas representações. A capacidade de empatia e identificação com os outros, de inferir os estados mentais dos outros, indica que o que ocorre pertence ao domínio humano. Isso porque, mesmo que não vivenciemos o que o outro vivencia, podemos reconhecer que o outro realmente o vivencia. Assim, mesmo que reconheçamos o que é vivenciado como estranho, reconhecemos que é semelhante a nós. A qualidade de semelhança que atribuímos aos outros é proporcionada pela estranheza que os outros nos mostram.

Pensamos melhor juntos do que sozinhos, mesmo que o pensamento individual e a responsabilidade que dele emana devam sempre considerar o pensamento grupal. A partir desse pressuposto, o ponto de vista e o apoio de um terceiro sujeito – um sujeito com a distância certa – são capazes de fornecer uma perspectiva histórica sobre o sofrimento. Isso permite o surgimento de múltiplas narrativas sobre a dor somato-psíquica e vai além da objetividade da construção, como sublinha Freud (1937) em "Construções em análise".

Para a preservação mental em condições extremamente críticas, Kaës (2013) propõe o trabalho psicanalítico em grupo porque o grupo é uma interface entre o espaço interno e o espaço social e cultural. O grupo psicanalítico permite que as pessoas percebam que todos nós trazemos à baila heranças coletivas impensadas, heranças de violência destrutiva, guerra, cataclismos traumáticos, negações em massa. O grupo nos permite enfrentar o que não pode ser gerenciado nem compreendido, o que não tem sentido, controle, compreensão.

Segundo Fédida et al. (2007), não podemos dizer o que aconteceu, mas podemos tentar criar um lugar para isso. Esse lugar é a psicoterapia.

A redescoberta da pluralidade das diversas identidades individuais e grupais permite a redescoberta da identidade plural de Taranto e evita qualquer fuga para um futuro unidimensional.[11]

No seu romance *La Dismissione*, o escritor napolitano Ermanno Rea (2002) escreve sobre o fechamento da fábrica da Ilva em Bagnoli, cidade perto de Nápoles. Não houve qualquer menção à conversão da área industrial e, por isso, continua sendo um terreno baldio. Ele chama a vasta paisagem abandonada, com as ruínas da siderúrgica, de "a grande Ferropoli" (cidade do ferro): compreende cerca de 2 milhões de metros quadrados de terra, um gigante sombrio que vomitou 20 milhões de litros de veneno por hora no

---

11 Situado em uma área desindustrializada no leste da França, o romance de Nicholas Mathieu (2018), *And their children after them*, conta a história de um grupo de adolescentes. Ele descreve as fábricas abandonadas nas quais várias gerações trabalharam como igrejas desconsagradas de uma religião que traiu seus seguidores.

mar. Talvez Ferropoli seja destruída com dinamite ou talvez seja arquivada para a memória futura sob "arqueologia industrial": era uma vez a indústria, ou melhor, A INDÚSTRIA.

Espero realmente que as condições históricas, políticas e psicossociais que criaram a destruição ocorrida em Bagnoli não se repitam em Taranto. Gostaria que Taranto voltasse à cidade descrita por Pasolini (1959/2015) em seu *A longa estrada de areia*. Nesse livro, Pasolini relembra que sonhou com Taranto brilhando em dois mares como um gigantesco diamante quebrado. Ele argumenta que Taranto é a cidade perfeita. Morar lá é como viver dentro de uma concha ou de uma ostra aberta.

O historiador Salvatore Romeo (2018) escreve que Taranto não precisa substituir a antiga monocultura industrial por uma nova, turística ou agrícola. Ao contrário, é necessário pensar no futuro através de lentes diferentes das que herdamos. Romeu nos exorta a juntar os fragmentos que temos diante dos nossos olhos e na nossa consciência coletiva: Taranto significa reconstruir uma indústria, descobrir uma paisagem, valorizar uma história.

Para concluir este capítulo com uma proposta sincera, quero citar a inscrição em latim na borda externa da bacia da fonte conhecida como Rosa dos Ventos, no centro da Piazza Ebalia, que se abre para a orla marítima de Taranto: "*Et quidem, cum fortiter adversa vela ventis*".[12]

12 Mesmo com ventos adversos navegaremos bravamente.

10. Servidores do futuro[1]

Eugene P. Odum (1983), um dos fundadores da ecologia moderna, lembra-nos que o termo "ecologia" foi proposto por Ernest Haeckel em 1886 e vem do grego antigo *oikos*, que significa "casa, lar, ambiente". Assim, o termo enfatiza a equivalência entre habitar e respeitar a natureza. Karl Popper (1945), em vez disso, convida-nos a considerar o mundo como um lugar maravilhoso que, como jardineiros, ainda podemos melhorar e cultivar. Isso só é possível sendo modestos como os jardineiros experientes, que têm consciência de que muitas tentativas suas falharão.

Com tons espiritualistas, Jung (1961b) escreve:

> *Às vezes me sinto como se eu estivesse espalhado pela paisagem e por dentro das coisas, e sou eu mesmo vivendo em cada árvore, no barulho das ondas, nas nuvens e nos animais que vão e vêm, na procissão das*

1 Em 1874, o membro do Parlamento do Reino Unido Arthur Atkinson concluiu seu discurso inaugural com a frase: "Pois não somos senhores dos presentes, mas servos do futuro".

> *estações. . . . Vivo em modesta harmonia com a natureza. (pp. 225-226)*

Em entrevista de 1950, Jung (citado por McGuire & Hull, 1977) insiste nesse ponto, argumentando que cada pessoa deveria ter seu próprio pedaço de terra para seus instintos poderem emergir novamente. Cultivar a terra é crucial em nível psicológico e, para Jung, é algo que não tem substituto. Todos nós precisamos nutrir a mente e a alma, mas é impossível fazê-lo em cortiços urbanos com poucas áreas verdes ou árvores floridas. Precisamos de contato com a natureza. Jung se define como um amante da natureza que adora cultivar suas próprias batatas. Assim, ele declara estar totalmente comprometido com a ideia de que a vida humana deve estar enraizada na terra e no solo.

Nina Coltart (1993) reconsidera as ideias de Jung ao enfatizar que, em um mundo ideal, todos os psicoterapeutas teriam um jardim e esse jardim serviria como fonte de nutrição emocional. A jardinagem não é apenas uma atividade que permite mais liberdade e prontidão sensorial e uma simples recreação para a mente: é sobretudo uma área simbólica de sobrevivência emocional na qual o *self* pode se recuperar e descansar.

Vittorio Lingiardi (2017) remete à conclusão apaixonada do *Cândido* de Voltaire: "É preciso cultivar nosso jardim", ressaltando que, se cada um de nós cultivar seu jardim, teremos "nosso jardim", o jardim de humanidade, cujos frutos e plantas podem beneficiar a todos. Aplicando um oxímoro, trata-se de uma utopia esclarecida e algo pragmático. O jardim de Voltaire oferece um espaço possível para o trabalho psicanalítico.

Passar algum tempo na natureza selvagem, ou apenas em nossos quintais, permite que nos reconectemos com a singularidade da vida (Rust, 2008).

O filósofo paisagista Massimo Venturi Ferrioli (2019) expõe a ideia de que um jardim rico e frutífero é uma metáfora sem precedentes para salvar o futuro e transformar o mundo naquele lugar que a própria humanidade deseja. A humanidade toma consciência de sua existência e pode reunir-se com a natureza. Superar a dicotomia entre natureza e cultura pode dar origem a um mundo melhor. Isso implica ultrapassar o paradigma de oposição e aceitar a perspectiva holística, uma perspectiva repleta de relações e referências, em que cada elemento está indissoluvelmente ligado aos outros.

O livro de Pia Pera (2016) inicia com o poema homônimo de Emily Dickinson, "I haven't told my garden yet", e conta como ela decidiu restaurar uma fazenda abandonada que herdou não se opondo à natureza, mas seguindo-a. Dessa forma, ela acatou a lição do filósofo e botânico japonês Masanobu Fukuoka, o principal defensor da agricultura natural, que pode ser resumida em quatro princípios: não preparar o solo; não capinar o solo; não usar fertilizantes; não aplicar herbicidas.

Cultivar um jardim doméstico é uma ação concreta do dia a dia que exige esforço e perseverança. Essa simples ação preserva a saúde do meio ambiente e de quem vive nele, mesmo que produza uma quantidade mínima de produtos saudáveis e não contaminados (Mercalli, 2016).

Em seu *The Well Gardened Mind*, Sue Stuart-Smith (2020) usa a metáfora do jardim em vez da metáfora do computador para descrever o cérebro. Ela avalia alguns resultados neurocientíficos que mostram os benefícios da natureza e da jardinagem para nossa saúde mental, relacionados principalmente a pacientes com deficiência. Argumenta também que o jardim pode nos trazer à realidade numa época que se caracteriza por palavras virtuais e fatos falsos.

Nossa biosfera é o meta-ambiente capaz de conter e produzir, cuja estabilidade deve fornecer a base nutritiva, narcísica e identitária de nossa personalidade e coletividade (Magnenat, 2019c). Durante muitos milênios, a Terra cuidou dos seus filhos, dando-lhes em abundância o que necessitavam: hoje, as crianças devem cuidar da sua Mãe Terra e perceber que o seu hábitat está envelhecendo, tal como os nossos pais idosos.

Precisamos escutar os altos gritos da natureza pedindo ajuda. Ao mesmo tempo, precisamos escutar as necessidades das pessoas, das espécies e dos ecossistemas – mesmo os que estão muito distantes de nós – e as necessidades das gerações futuras e de preservação de bens comuns como o ar e os oceanos, cuja existência depende do nosso estilo de vida.

A crítica de arte Giulia Bartrum interpreta que a figura de *O Grito* (1893), do pintor expressionista Edvard Munch, não está gritando, mas arregalando os olhos, cobrindo os ouvidos e abrindo a boca para bloquear o grito poderoso e comovente da natureza. Isso é apoiado por uma nota que o próprio Munch deixou na moldura da versão de 1895 da pintura,[2] na qual ele diz ter sentido um "grito infinito passando pela natureza". Munch se refere a uma lembrança que teve quando estava em Nice, em 1892: enquanto caminhava às margens de um fiorde perto de Oslo, viu o céu ficar vermelho e uma enorme onda vinda do mar avançou em sua direção. Essa lembrança inspirou o artista norueguês a pintar *O Grito*, um dos símbolos da inquietação e do desespero do homem contemporâneo.

O Papa Francisco (Bergoglio, 2015) assume uma atitude realista e pessimista, mas não desesperada. Essa atitude é semelhante ao apelo de Gramsci ao pessimismo do intelecto e ao otimismo

---

2 Existem quatro versões de *O Grito* (título original: *Skrik*), a mais famosa das quais (criada em 1893 com óleo, têmpera, pastel e giz de cera sobre papelão, 91 cm x 73,5 cm) pode ser encontrada na Galeria Nacional em Oslo.

da vontade. Segundo o Papa, devemos esperar que haja sempre uma solução, que possamos sempre redirecionar nossos passos, que possamos sempre fazer algo para resolver os problemas. No entanto, podemos reconhecer que o ritmo rápido da mudança e da degradação nos levou a um ponto de ruptura. Como exemplos, consideremos as catástrofes naturais em grande escala e as crises sociais e financeiras: não podemos analisar ou explicar os problemas do mundo isoladamente.

Figura 3 – *O Grito* (1893), Edvard Munch.
Fonte: Wikimedia Commons.

Embora não devamos esquecer que existe a possibilidade concreta de que o planeta esteja gradualmente se tornando cada vez mais inóspito em virtude de catástrofes ambientais, como nos alerta o Relógio do Juízo Final[3] acertado para 1 minuto e 40 segundos

3 Uma iniciativa de um grupo de cientistas do jornal *Bulletin of the Atomic Scientists* da Universidade de Chicago em 1947, o Relógio do Juízo Final é uma medida metafórica da ameaça de um hipotético fim do mundo para a humanidade. A ameaça é quantificada por meio de um relógio simbólico

antes da meia-noite (a hora simbólica do fim do mundo), podemos ser cautelosamente otimistas (Jamieson & Mancuso, 2017).

Max Weber (1919/2015) argumenta que não poderíamos alcançar o possível a menos que tentássemos alcançar o impossível.

Esse otimismo é o símbolo emocional da nossa capacidade de sonhar com os principais aspectos existenciais da nossa vida e de transformar nossos sonhos em ações concretas (Magnenat, 2019c).

Embora haja pouco tempo para tomar medidas eficazes em benefício da humanidade, devemos reconhecer que somos ao mesmo tempo o problema e a solução. Na era do Antropoceno, devemos assumir uma nova consciência e uma nova ética e evitar racionalizações perigosas.

Para Mancuso (2019), a discussão sobre a possível existência de vida em planetas semelhantes à Terra ou, ao menos, em outros planetas nos quais a vida possa existir é uma espécie de garantia para os desastres que já cometemos e ainda cometemos. Significa que, aconteça o que acontecer, mesmo que fiquemos sem recursos na Terra, encontraremos outro lugar para continuar a nossa vida. Na verdade, a existência de formas reais de vida diferentes das que vivem na Terra está sujeita a muitas investigações diferentes e não é demonstrada cientificamente; por isso, deve ser considerada uma especulação ou uma hipótese.

---

cuja meia-noite indica o fim do mundo e os minutos anteriores representam a distância hipotética dele. Originalmente, meia-noite representava a guerra atômica. Desde 2007, representa todos os eventos que podem causar danos permanentes à humanidade, por exemplo, as alterações climáticas. Em 1947, o relógio foi acertado para 7 minutos antes da meia-noite. Ele foi redefinido 21 vezes desde então. Em 23 de janeiro de 2020, foi movimentado para o mais próximo da meia-noite desde seu início em 1947, 1 minuto e 40 segundos. Seu status mais distante até a meia-noite foi entre 1991 (assinatura do Tratado de Redução de Armas Estratégicas I) e 1995, 17 minutos. [No momento da publicação deste livro, o Relógio está acertado para 90 segundos antes do fim do mundo. (N.E.)]

Portanto, procuremos superar os impedimentos externos e, como psicanalistas, os impedimentos internos; tentemos criar condições que possam melhorar a expressão de cuidado e preocupação com o meio ambiente. Não desanimemos se algumas dessas tentativas falharem!

Freud (1927) escreve:

> *Podemos insistir quantas vezes quisermos que o intelecto do homem é impotente comparado à sua vida instintiva, e podemos estar certos nisso. No entanto, há algo de peculiar nessa fraqueza. A voz do intelecto é suave, mas não descansa até ser ouvida. Finalmente, após uma sucessão incontável de rejeições, ela consegue. Esse é um dos poucos pontos em que é possível ser otimista quanto ao futuro da humanidade . . . (p. 53)*

Ao seguir Freud, Kaës (2012) não expressa o pessimismo niilista e a inevitabilidade fatalista, posição que corre o risco de resultar extremamente implausível. Na verdade, ele salienta que devemos ter uma abordagem crítica à crise que essas mudanças provocaram. No entanto, não devemos cair na tentação de nos deixar influenciar pelo pessimismo, ou encarar as novidades como algo otimista *a priori*. Somos como a consciência infeliz de Hegel, que vê o mundo desmoronar ao perceber que algo novo está nascendo.

Para o poeta Andrea Zanzotto (2013), a cultura começa e cresce como expressão espontânea do diálogo presente entre o homem e a natureza, um diálogo semelhante à compreensão mútua e amorosa entre mãe e feto. Mas, para Zanzotto, isso era parcialmente uma ilusão: duas realidades não tentam crescer juntas, mas uma realidade tenta unilateralmente prevalecer sobre a outra. Não é um diálogo verdadeiro, mas uma espécie de série de insultos num monólogo ou alucinação. Porque para Zanzotto a poesia restabelece o diálogo entre o homem e a natureza, a poesia deve continuar a criar obstinadamente um espaço em que possa florescer o que é autenticamente humano, mantendo viva a memória de um tempo projetado para um futuro de esperança.

Michelangelo Pistoletto (2019), um dos principais representantes da Arte Povera[4] italiana, descreve o plantio de árvores em formato do símbolo do infinito na praça principal de Assis e atribui ao artista a tarefa de jardineiro do planeta, capaz de unir beleza e atenção ao meio ambiente.

Precisamos de poesia e de arte, mas também de conhecimento do nosso mundo interno para criar um diálogo autêntico, ou seja, um diálogo equilibrado entre os excessos da intelectualização e os excessos da emoção.

A ecologia precisa da psicanálise e vice-versa, a psicanálise precisa da ecologia. Na verdade, o contexto para definir a noção de saúde (incluindo saúde mental) atingiu hoje uma dimensão mundial.

Luca Mercalli (2018) busca compreender o significado dos mecanismos inconscientes: inicia seu livro *Non c'è Più Tempo* com a análise da obra de Primo Levi e mostra o mecanismo de repressão de verdades incômodas. Durante a ascensão das ditaduras nazistas e fascistas, foram criadas atitudes e explicações confortáveis e consoladoras para evitar o enfrentamento desses fenômenos. Da mesma forma, hoje criamos álibis com pseudorracionalizações e zonas

---

4 "Arte pobre". É um movimento artístico criado em contraste com a arte tradicional, que rejeita as técnicas da arte tradicional em favor de materiais "pobres" como terra, madeira, ferro e trapos, com o intuito de evocar a estrutura linguística original da sociedade contemporânea. Outra característica da Arte Povera é sua forma de instalação: a instalação artística é concebida como o lugar da relação obra-ambiente. Uma das instalações mais famosas de Pistoletto é a "Vênus dos trapos", na qual ele aborda a regeneração e compara a ideia clássica e organizada da beleza de Vênus com uma pilha desordenada de trapos, colocando-as lado a lado.

de conforto para evitar respeitar os limites físicos do planeta antes que leis físicas e naturais inexoráveis restabeleçam o equilíbrio sem a nossa presença.

Após ter descrito a propagação do cinismo e da arrogância que desencadeiam uma atitude indiferente em relação aos direitos humanos e à salvação do planeta e a necessidade de identificar nossos aspectos patológicos, Bollas (2018) escreve que hoje é fundamental ser livre para identificar as angústias que permeiam nossa cultura para criar uma mudança positiva: "Se quisermos modificar processos destrutivos inconscientes e evitar as catástrofes que acompanham a cegueira, há a necessidade urgente de uma compreensão mais ampla da psicologia humana" (p. xxvii).

Ghosh (2016) espera que as gerações futuras sejam capazes de transcender o isolamento em que a humanidade estava aprisionada no momento de sua loucura e redescobrir a sua ligação com outros seres humanos.

Todos esses autores propõem defender a natureza em oposição a se defender da natureza. Essa proposta não é ascética, mas nos convida a considerar a frugalidade, a generosidade e a humildade, termo que vem do latim *húmus*, que significa "solo". Há apenas um passo do *húmus* ao *homo*. Como podemos ver, a etimologia parece remontar a um ancestral comum indo-europeu. *Húmus, humanidade, humildade* (Caron, 2020).

Greta Thunberg et al. (2020) escrevem que nossas limitações começam a ficar evidentes. O infinito recupera seus contornos. Não podemos ter tudo, o que está certo. Há uma liberdade diferente e maior na moderação.

No final de *Cidades invisíveis* (Calvino, 1972), Marco Polo diz que o inferno dos seres vivos não é algo que ocorrerá no futuro. Se existe um inferno, é o que já está aqui, o que construímos ao estarmos juntos. Existem duas maneiras de escapar disso. A primeira é fácil para muitos: aceitar o inferno e tornar-se parte dele a ponto de não mais poder senti-lo ou percebê-lo. A segunda maneira é arriscada e exige vigilância e apreensão constantes: exige descobrir quem e o que nesse inferno não fazem parte dele, e fazê-los durar e dar-lhes espaço.

Essa última curaria as feridas que infligimos ao planeta, manteria os lugares, repararia os danos do tempo e do homem, se oporia à obsolescência programada dos bens.

Ao escrever sobre a experiência não vivenciada que é sempre vivenciada, Winnicott (1974) destaca como:

> *o medo do colapso é o medo do colapso que já foi vivido. É um medo da agonia original, que causou a organização de defesa . . . Há momentos, de acordo com minha experiência, em que um paciente precisa ser informado de que o colapso, cujo medo destrói sua vida, já ocorreu. . . . Ou seja, o paciente deve continuar buscando o detalhe passado, que ainda não foi vivenciado. Essa busca assume a forma de uma busca por esse detalhe no futuro. (p. 105)*

Bollas (2017) reconsidera a posição de Winnicott ao descrever o conhecido, mas não pensado: isso porque o objeto pode lançar sua sombra, mas a criança não consegue trabalhar essa relação por meio da linguagem ou das representações mentais.

Dodds (2011) propõe aplicar as ideias de Winnicott e de Bollas, que consideram a psicanálise no nível individual, à relação com os sentimentos de catástrofe que hoje assolam todos os indivíduos e grupos. A psicanálise pode ajudar as pessoas a vivenciarem esses sentimentos com uma consciência reflexiva mais ampla por meio da simbolização.

Precisamos não apenas sintetizar intelectualmente os novos conhecimentos provenientes da ciência ambiental, mas também imbuir de significado as emoções brutas que fluem desse conhecimento (Magnenat, 2019c).

"O silêncio é o verdadeiro crime" é o título de um famoso artigo de Hanna Segal (1987) no qual ela argumenta que é absolutamente necessário denunciar os riscos representados pelas armas nucleares. Ela defende que, durante as sessões, é fundamental não fazer conluio com a negação da situação externa pelo paciente e evitar impor suas preocupações ao paciente. Janine Puget e Leonardo Wender (1982) abordam esse tema ao escreverem sobre mundos sobrepostos, o do paciente e o do analista, ambos repletos de contradições sociais e ideologias, de maneira que não podemos nos referir a uma dinâmica transferência-contratransferência neutra, ou seja, uma dinâmica divorciada das referências culturais que muitas vezes partilham. Puget e Wender referem-se ao conceito de *vínculo*, originalmente introduzido por Enrique Pichon-Rivière (1971), que se baseia na ideia de que a realidade interna e a externa não estão em oposição, mas em relação dialética contínua, formando um movimento espiral que determina nosso funcionamento mental. Assim, o conceito de vínculo inclui a realidade interna, a externa e um terceiro original composto tanto pela interna quanto pela externa. Puget e Wender referem-se também ao conceito de "metaconfiguração" de David Liberman (1970-1972), que valoriza o ambiente social, cultural e econômico que nos rodeia.

Em referência ao nazismo, Riccardo Steiner (1989) postula que a neutralidade não pode ser defendida nem adotada quando uma situação política põe em xeque os valores fundadores da tradição psicanalítica. Nesse caso, neutralidade significa simplesmente conluio.

Com certeza é verdade que existem formas exclusivas de sentir angústias relativas ao ambiente e suas mudanças. Mas também é verdade que não estão exclusivamente relacionadas com o sujeito: podem provir do seu ambiente humano e não humano. São angústias sem precedentes, para as quais não estamos realmente equipados (Desveaux, 2020).

Dennis Haseley (2019) afirma que, à medida que escuta e conversa com um paciente, outras forças pressionam tanto ele quanto seu paciente. Essas forças nada mais são do que as mudanças no nosso clima e os seus registros conscientes ou inconscientes nas nossas mentes e personalidades. Ele entende "cultura" em sentido amplo, como algo que inclui o conhecimento e a prática psicanalíticos, os aviões que pegamos, as viagens de táxi do aeroporto, o trânsito, os prédios onde realizamos reuniões, a construção pela qual passamos na rua, as luzes, os deslocamentos que fazemos para os nossos consultórios, nossos sistemas de aquecimento e ar-condicionado, nossos sistemas alimentares, as guerras distantes etc. Para ele, a cultura baseia-se nos combustíveis fósseis, que nos rodeiam. Dependemos da utilidade dos combustíveis fósseis. Todas essas coisas, e os tropos culturais que as apoiam, estão enraizadas nas nossas existências materiais e mentais, isto é, nas maneiras de simbolizarmos, nos nossos sonhos, nos ritos de passagem adolescentes, nas nossas fantasias inconscientes de poder e desejo. Tanto no nível consciente quanto no inconsciente, somos influenciados por sua onipresença.

Para evitar catástrofes ecológicas causadas pelo desenvolvimento sem regras nem memória (portanto, "desenvolvimento canibalesco"), precisamos investigar as dinâmicas individuais e os conflitos subjacentes, bem como as dinâmicas e os estilos de vida adquiridos na família. Reconhecer essas dinâmicas é o ponto de partida para modificá-las e, consequentemente, os estilos de vida individuais e familiares e para permitir que, numa dimensão revitalizada de reciprocidade fraterna, cada ação sustentável se torne criativa, respeitosamente restauradora e parte da renovação mundial. Essa renovação é possível reassumindo a responsabilidade individual, aceitando o princípio da realidade e opondo-se ao ceticismo das pessoas que pensam que o indivíduo singular está condenado a uma espécie de impotência, fechado numa espécie de melancolia ambiental suicida.

Não devemos acreditar em Donald Trump quando ele diz: "Vamos construir o muro". Sabemos que, quando ele se opõe à redução das alterações climáticas, é o porta-voz não só dos lobbies industriais, econômicos e financeiros, mas também da nossa ganância infantil. Na nossa vida cotidiana, construímos grandes muros imaginários para lidar com a nossa dor, sabendo ao mesmo tempo que nosso estilo de vida irrefletido implica violência e sofrimento. Individualizamos com precisão cada dor e sofrimento que sentimos para podermos nos proteger rapidamente deles aplicando a negação (Weintrobe, 2019).

Segundo Bateson (1972), os terapeutas têm um duplo dever: por um lado, criar luz dentro de nós e, por outro, procurar todos os sinais de luz nos outros e tentar fortalecer tudo de sábio que encontramos neles.

Haseley (2019) coloca a seguinte questão: como podemos, com nossos pontos cegos, ser testemunhas e, às vezes, até cúmplices nos nossos consultórios da evitação da melancolia e da angústia ambientais?

Press (2019) pergunta como os analistas podem ser tão indiferentes ao problema ambiental. Isso é surpreendente, já que passam o seu tempo investigando as primeiras relações do filho do homem com seu ambiente em todos os seus termos, de maneira restrita e ampla.

Acredito que questões como as propostas por Haseley e Press são extremamente importantes e constituem o ponto de partida que os psicanalistas devem adotar para se engajarem civicamente, para assumirem uma posição política definida e clara diante da necessidade urgente de preservar e cuidar do mundo. Os psicanalistas devem contribuir para o desenvolvimento de uma ética ambiental que defina as nossas escolhas alimentares, os produtos que decidimos comprar, a maneira de construirmos nossas casas e cidades e as nossas viagens.

Diz-se que, quando os discípulos de Sócrates quiseram comprar-lhe um novo par de sandálias para substituir as antigas como agradecimento pelos seus ensinamentos gratuitos, ele recusou e argumentou que ia ao mercado apenas para ver as mercadorias expostas e verificar de quantas coisas ele não precisava.

Lao Tsu argumenta que o sábio evita o excesso, a extravagância e a arrogância.

Tal como Sócrates e Lao Tsu, os psicanalistas deveriam ser capazes de revitalizar a capacidade de pensar e sonhar com um futuro melhor, contribuir para valorizar o sentido de proporção e equilíbrio e manter uma vida suficientemente boa. Precisam trabalhar para dar espaço à criatividade, ao amor e ao conhecimento, de modo a contrapor o pensamento ilusório e mágico, e considerar com integridade e sinceridade as características desagradáveis da existência humana (Schinaia, 2019b).

Em telegrama de 24 de abril de 1927 para sua filha Anna, que estava viajando para a Itália, Freud (1927/2013) escreve sobre um manifesto que assinou com outros 39 intelectuais vienenses: "A essência do intelecto é acima de tudo liberdade, que agora está ameaçada e que nos sentimos empenhados em proteger. Estaremos sempre prontos a lutar por maior humanidade e combater a inércia e a atrofia" (p. 359).

Uma posição semelhante pode ser encontrada nas palavras de Thomas Mann (1936/1999) proferidas em 8 de maio de 1936, em Viena, por ocasião do 80º aniversário de Freud. Ele argumenta que no futuro o trabalho de Freud será reconhecido como fundamento de uma nova antropologia e de uma estrutura inovadora, para a qual muitas pedras estão sendo levantadas hoje. Essa estrutura será a futura morada de uma humanidade melhor.

Assim, fazemos nosso o alerta de Segal sobre os riscos de uma catástrofe ambiental e a necessidade de estudar os métodos históricos específicos, em nível individual e grupal, por meio dos quais nos defendemos.

Cornelius Castoriadis (2007) argumenta que é necessária uma nova criação imaginária com importância sem igual no passado recente. Esse tipo de criação precisa conseguir colocar outros valores no centro da vida humana além da expansão da produção e do consumo. Isso é obrigatório não só para evitar a destruição definitiva do ambiente terrestre, mas também e sobretudo para sair da miséria mental e moral dos seres humanos contemporâneos.

Bion (1992, p. 110) pergunta como um ser humano com mentalidade e personalidade humanas pode não estar interessado ou não se preocupar com o futuro.

Ghosh (2016) conclui seu ensaio com a esperança de que, dessa situação terrível, nasça uma geração capaz de cuidar melhor do mundo do que as gerações anteriores. Essa nova geração deverá ser capaz de ultrapassar o isolamento em que os seres humanos foram aprisionados e redescobrir sua ligação com outros seres humanos. Gosto de definir que essa nova geração é composta por pessoas que nunca souberam o que é lutar pela mudança e constituir o partido do futuro, que precisamos voltar a considerar uma promessa, e não uma ameaça. O ar impuro do mundo, escreve Donatella Di Pietrantonio (2020) em seu romance *Borgo Sud*, não pode tirar sua beleza.

Aqui, quero referir-me a uma carta que Eleonora Ruzza, aluna do colégio de artes Amedeo Modigliani, em Pádua, enviou a Greta

Thunberg e que foi publicada pelo jornal italiano *La Repubblica* em 7 de abril de 2019. Nessa carta, Eleonora imagina a vida como uma corrida em que a chegada é o resultado de todos os esforços que fizemos. Num mundo ideal, uma corrida deveria ser uma atividade prazerosa, em acordo com o nosso objetivo e respeitosa com as pessoas que virão depois de nós. O vento deve soprar em nossos cabelos. Nossos pés devem pisar suavemente na grama que atravessamos. Infelizmente, em geral estamos mais interessados em nosso triunfo do que no nosso árduo percurso. Então, começamos a correr mais rápido. Pisoteamos o gramado. Estamos convencidos de que é melhor enfrentar o vento do que passear nele. No início, os danos da nossa raça furiosa são irrelevantes. Mas, passo a passo, a grama para de crescer e o ar torna-se mais cinzento. Como consequência, depois de muitos anos, a terra começa a ceder e a desaparecer lentamente embaixo de nós. Encontramos uma ravina. Ninguém consegue deter a corrida louca de pessoas convencidas de que o precipício à sua frente é um problema marginal. Para Eleonora, Greta não só percebe o problema como decide parar. Ela se senta em frente à ravina e respira fundo. E as pessoas que vêm atrás de Greta a veem e começam a entender. Então, elas também se sentam, uma atrás da outra, olhando para o abismo que atrapalha seu caminho. Depois, todos se levantam e, em vez de correrem novamente, recolhem os pedaços de terra caídos e constroem uma ponte. Construir essa ponte leva muito tempo, mas é a única tábua de salvação antes de o abismo se tornar grande demais. A partir de agora vamos parar todas as corridas, a ponte é frágil. Mas ainda podemos seguir nosso caminho.

As palavras de Eleonora dão consistência e força à esperança da constituição do partido do futuro.

Quero concluir este livro referindo-me ao segundo princípio (Integridade Ecológica) da Carta da Terra da organização não governamental Earth Charter Initiative,[5] cujo objetivo é "inspirar em todas as pessoas o sentido de interdependência global e de responsabilidade partilhada pelo bem-estar da família humana, da grande comunidade da vida e das gerações futuras". Ele envolve:

- *Proteger e restaurar a integridade dos sistemas ecológicos da Terra, com especial preocupação pela diversidade biológica e pelos processos naturais que sustentam a vida. . . .*
- *Evitar danos como o melhor método de proteção ambiental e, quando o conhecimento for limitado, aplicar uma abordagem preventiva. . . .*
- *Adotar padrões de produção, consumo e reprodução que protejam as capacidades regenerativas da Terra, os direitos humanos e o bem-estar da comunidade. . . .*
- *Progredir no estudo da sustentabilidade ecológica e promover o intercâmbio aberto e a ampla aplicação dos conhecimentos adquiridos.*

---

5 Recuperado de: earthcharter.org.

Posfácio

Luca Mercalli[1]

Enfim, um livro sobre psicanálise e emergência ambiental! Há décadas que nós, que trabalhamos na área das ciências ambientais (climatologia, sustentabilidade, riscos naturais etc.), nos questionamos sobre nossos erros. Isto é, continuamos fazendo soar alarmes cada vez mais documentados e confirmados pela racionalidade e pela precisão das medidas tomadas a partir do solo e dos satélites e pela convergência de vários cenários assentados em modelos matemáticos refinados, mas tudo continua em silêncio. Não há reação correspondente à enormidade da crise atual. Não só nada acontece: numa espécie de silêncio irreal, parece que damos passos para trás.

Mesmo que falemos muito sobre o ambiente, a sensibilidade concreta das pessoas continua diminuindo. A indiferença e a negação crescem. A economia predatória continua promovendo seu modelo dissipativo e perigoso. É um paradoxo: quanto mais os sintomas se tornam claros, mais são ignorados, escondidos, negados. Quanto mais há necessidade de agir, de assumir responsabilidades

1 Presidente da Sociedade Meteorológica Italiana.

pessoais e coletivas, mais se inventam álibis, justificativas, lacunas e atrasos.

É como o que acontece com os fumantes: apesar das evidências médicas incontestáveis da toxicidade do fumo, as advertências contundentes nos maços de cigarros parecem passar pelos cérebros dos fumantes sem deixar qualquer vestígio. Assim, eles parecem optar pelo suicídio lento e, se tiverem consciência do que está acontecendo, encolhem os ombros e seguem rumo às doenças previstas. Poucas pessoas concordam em abrir os olhos e mudar seu estilo de vida. Poucas pessoas concordam em fazer mudanças hoje para um mundo melhor amanhã, especialmente para os seus filhos e netos e para as gerações futuras.

Perante uma crise histórica tão profunda e perigosa, uma crise que pode potencialmente levar à extinção da nossa espécie (evoluímos num ambiente adequado para nós, mas agora o estamos alterando tanto que já não seremos mais adequados a ele e, como consequência, corremos o risco de extermínio), seria de esperar uma mobilização em massa, um "esforço sem precedentes", como defendem as Nações Unidas. Mas nada acontece! Muitas pessoas vão direto para o abismo de forma arrogante e até alegre. Poucas pessoas parecem estar conscientes do problema e procurar a salvação, mas não conseguem mudar o curso dos acontecimentos.

Greta Thunberg é a prova viva do nosso fracasso: somos gratos a essa abençoada jovem sueca pelo seu esforço pessoal. Mas é ridículo que toda a espécie do *Homo sapiens*, que há muitos anos tem sido alertada sobre as crises climáticas pelos melhores cientistas internacionais, considere essa adolescente autista não como símbolo, mas como isenção da responsabilidade, um fenômeno estranho que não deve ser levado a sério, a ser tratado com indiferença.

A luta contra o fascismo foi conduzida por líderes carismáticos, maduros e monumentais como Winston Churchill, que prometeu "sangue, trabalho, lágrimas e suor" para a vitória. Neste momento crucial para a sobrevivência de todas as espécies deste planeta, negamos a ciência e aliviamos nossa consciência ao recorrer a Greta em busca de uma solução improvável e milagrosa.

Onde estão os grandes líderes políticos? Onde estão os grandes intelectuais? Onde está a mobilização em massa? O que fizemos de errado ao comunicar esta crise, nós, que estudamos o clima há décadas? Fomos muito catastróficos? Ou muito suaves? Muito otimistas ou muito pessimistas? Demos muita ou pouca esperança? Exageramos a culpa e o medo ou não os comunicamos de modo suficiente?

Neste livro de Cosimo Schinaia, entendi um pouco melhor esse problema complexo. Talvez não tenhamos feito nada de errado: essa dinâmica de refutar o problema era inevitável, pois nas mentes e nos comportamentos humanos existem tantas fragilidades e contradições que uma verdade tão perturbadora teria sido difícil de aceitar, sem importar a maneira como foi declarada. Talvez só estivéssemos errados ao não encorajar mais vigorosamente uma cooperação entre as ciências médicas e humanas há cerca de trinta anos, a fim de encontrar métodos mais eficazes para promover a sensibilização e a prevenção.

Por meio de uma rica compilação de citações e referências de diversos estudiosos e escritores, Schinaia defende e promove sua posição, ou seja, de que os humanos são incapazes de reconhecer alertas coletivos e de longo prazo. Num passado não tão remoto, os mecanismos de negação que Schinaia descreve claramente no seu livro muitas vezes proporcionavam uma proteção individual para não se deixar dominar pela angústia e pela depressão num mundo repleto de perigos e dificuldades, mas no qual nenhum erro era irreversível no tempo histórico e em escala geológica. Mas, atualmente, nossa atitude é terrivelmente inadequada para neutralizar as gigantescas forças naturais criadas pela nossa tecnologia. Essa atitude comprometerá o ambiente durante os próximos milênios e condenará todas as gerações futuras a viver num planeta hostil.

Schinaia oferece-nos um diagnóstico brilhante das nossas dificuldades comportamentais relacionadas com a proteção ambiental, dificuldades que afetam mais ou menos toda a humanidade e muitas vezes assumem características patológicas evidentes, bem descritas por meio de algumas vinhetas clínicas muito úteis e eficazes.

À primeira vista, a impressão é que o diagnóstico persistente de Schinaia, baseado não apenas na psicanálise, mas também na psicologia evolutiva, comportamental e social, expõe nossa condenação: não seremos capazes de mudar rápida e eficazmente; os impulsos autodestrutivos, que aparecem para nós sob as máscaras do progresso, do crescimento e do hedonismo, são arraigados e poderosos demais para serem avaliados como perniciosos. Em outras palavras, o diagnóstico de Schinaia aparentemente não permite a correção e a transição para um mundo sustentável, o qual, no entanto, é mais lento, mais pacífico, mais sóbrio e aparentemente menos desejável que o da competição, da velocidade, do poder ilimitado.

Assim, essa transição parece extremamente improvável. No entanto, uma "psicanálise ambientalista", capaz de compreender os mecanismos mais profundos da mente humana, poderia representar uma das poucas opções possíveis para se fazer algo. Ela pode promover um processo transformador eficaz que conduza ao maior passo na história da humanidade. Isso porque não temos mais tempo.

Schinaia me faz entender que comunicar verdades tão incômodas exige cautela: são golpes fortes infligidos às frágeis e precárias construções do ego. Essa é a razão pela qual essas verdades são frequentemente rejeitadas com veemência, para defendermos as poucas certezas que mantêm unidas essas estruturas incoerentes das nossas personalidades.

Acredito que uma síntese entre a cautela da comunicação e a necessidade de intervenções decisivas deve ser encontrada. É como um médico obrigado a comunicar o diagnóstico de uma doença grave e angustiante e que, ao mesmo tempo, quer despertar as forças internas do paciente para lidar positivamente com uma terapia difícil. Evidentemente, neste caso, a doença nada mais é que nosso consumismo e nosso estilo de vida dissipativo, o desperdício, o excesso, a especulação financeira que reduziu nosso mundo a um grande cassino, uma doença que ainda amplificamos em nossas narrativas atuais como algo bom ou mesmo o único caminho para o sucesso e a felicidade! Existem muitas semelhanças com a dependência de substâncias ou drogas.

É fundamental que as reflexões profundas e instigantes de Schinaia não sejam a solução que esperamos, mas, infelizmente, não temos. Ao contrário, são um convite para que toda a comunidade de estudiosos e especialistas da mente trabalhe para encontrar a solução. A solução para a crise ecológica deverá ser cultural, capaz de enfrentar as profundas resistências emocionais que impedem a utilização adequada dos recursos tecnológicos avançados que temos à nossa disposição.

Referências

Alighieri, D. (2013). *The Divine Comedy*. CreateSpace Independent Publishing Platform. (Trabalho original publicado em 1314).

Althusser, L. (1998). Ideology and Ideological State Apparatuses. In J. Rivkin, & M. Ryan (Eds.), *Literary Theory: An Anthology* (2nd ed.; pp. 693-702). Blackwell. (Trabalho original publicado em 1970).

Ambrosiano, L. (2016). Introduzione. In L. Ambrosiano, & M. Sarno (Eds.), *Corruttori e Corrotti: Ipotesi Psicoanalitiche* (pp. 11--21). Mimesis.

Ambrosiano, L. (2017, 19 jan.). *Fuori*. Conferência no Centro Milanese di Psicoanalisi. Não publicada.

Ambrosiano, L., & Gaburri, E. (2013). *Pensare con Freud*. Cortina.

Amery, C. (1972). *Das Ende Vorsehung: Die Gnadenlosen Folgen des Christentums*. Rowohlt Taschenbuch Verlag.

Amrine, M. (1946a, 25 maio). Atomic education urged by Einstein. *The New York Times*.

Amrine, M. (1946b, 23 jun.). The real problem is in the heart of men. *The New York Times Magazine*.

Anders, G. (2002). *Die Antiquiertheit des Menschen 2:* Über die Zerstörung des Lebens im Zeitalter der dritten industriellen Revolution. C.H. Beck. (Trabalho original publicado em 1980).

André, J. (2020). *Malaise dans la Nature, malaise dans la culture.* Paper pré-publicado para o Congresso da EPF, Vienna, 2-5 de abril, cancelado por causa da epidemia de covid-19. http://epf-fep.eu/papers

Anthes, E. (2020). *The Great Indoors: The Surprising Science of how Buildings Shape our Behaviour, Health and Happiness.* Scientific American Books, Farrar, Straus & Giroux.

APA – American Psychiatric Association. (2013). *Diagnostic and Statistical Manual of Mental Disorders: DSM-5* (5th ed.). American Psychiatric Publishing.

Arendt, H. (1968). *Men in Dak Times.* Harcourt Brace Jovanovich.

Arpaia, B. (2016). *Qualcosa, Là Fuori.* Guanda.

Arrhenius, S. (1896). On the influence of carbonic acid in the air upon the temperature of the ground. *Philosophical Magazine and Journal of Science,* 5(41), 237-276.

Arrhenius, S. (1908). *Worlds in the Making: the Evolution of the Universe.* Harper and Brothers. (Trabalho original publicado em 1906).

Avallone, S. (2012). *Swimming to Elba.* Viking. (Trabalho original publicado em 2010).

Ballard, J. G. (1964). *The Burning World.* Berkley Books.

Barthes, R. (1975). *The Pleasure of the Text.* Hill and Wang. (Trabalho original publicado em 1973).

Bateson, G. (1972). *Steps to an Ecology of Mind: Collected Essays in Anthropology, Psychiatry, Evolution, and Epistemology.* Chicago University Press.

Baudrillard, J. (1978). Quand on enlève tout, il ne reste rien. *Traverses*, *11*, 12-15.

Beigbeder, F. (2002). *£ 9.99*. Picador. (Trabalho original publicado em 2000).

Bell, D. (2015). The death drive: phenomenological perspectives in contemporary Kleinian theory. *International Journal of Psychoanalysis*, *96*(2), 411-423.

Bellamy, A. (2019). Trauma, fragmentation and narrative: Sándor Ferenczi's relevance for psychoanalytical perspectives on our response to climate change and environmental destruction. *International Journal of Applied Psychoanalytic Studies: Climate Change and the Human Factor*, *16*(2), 100-108.

Benadusi, M. (2018). Oil in Sicily: petrocapitalist imaginaries in the shadow of old smokestacks. *Economic Anthropology*, *5*(1), 45-58.

Benasayag, M. (2020, 23 jan.). Sono i nostri "Io" i nemici del Pianeta. *La Repubblica*.

Berger, C., & Roques, J.-L. (2016). *De la Crise Environnementale à l'Instabilité Identitaire*. Connaissances et Savoirs.

Bergoglio, J. M. (2015). *Laudato si'. Lettera Enciclica sulla Cura della Casa Comune*. Libreria Editrice Vaticana.

Bianchi, E. (2019, 28 set.). Frate sole sorella luna perdonateci. *Robinson/La Repubblica*.

Bion, W. R. (1959). Attacks on linking. *International Journal of Psycho-Analysis*, *40*, 308-315.

Bion, W. R. (1961). *Experiences in Groups*. Tavistock.

Bion, W. R. (1962). A theory of thinking. *International Journal of Psycho-Analysis*, *43*, 306-310.

Bion, W. R. (1970). *Attention and Interpretation: A Scientific Approach to Insight in Psycho-Analysis and Groups*. Tavistock.

Bion, W. R. (1990). *Brazilian Lectures: 1973, São Paulo. 1974, Rio de Janeiro/São Paulo*. Karnac. (Palestras proferidas em 1973-1974).

Bion, W. R. (1992). *Cogitations*. Karnac.

Bion, W. R. (2016). *Wilfred Bion: Los Angeles Seminars and Supervision*. Karnac. (Trabalho original publicado em 1978).

Boatti, G. (2012). *Sulle Strade dl Silenzio: Viaggio per Monasteri d'Italia e Spaesati Dintorni*. Laterza.

Boeri, S. (2019, 12 set.). Comincia in città il rinascimento dei nostri boschi [Entrevista concedida a Alessia Gallione]. *La Repubblica*.

Boff, L. (2017). *Ética e espiritualidade: como cuidar da casa comum*. Vozes.

Bollas, C. (2000). Architecture and the unconscious. *International Forum of Psychoanalysis*, 9(1), 28-42.

Bollas, C. (2012). *China on the Mind*. Routledge.

Bollas, C. (2017). *The Shadow of the Object: Psychoanalysis of the Unthought Known*. Routledge.

Bollas, C. (2018). *Meaning and Melancholia: Life in the Age of Bewilderment*. Routledge.

Brenman Pick, I. (2013). Discussion of the myth of apathy: Psychoanalytic explorations of environmental subjectivity. In S. Weintrobe (Ed.), *Engaging with the Climate Change: Psychoanalysis and Interdisciplinary Perspective* (pp. 134-137). Routledge.

Breton, A. (1969). Prolegomena to a Third Surrealist Manifesto or Not. In A. Breton, *Manifestoes of Surrealism* (pp. 279-294). University of Michigan Press. (Trabalho original publicado em 1942).

Breuer, J., & Freud, S. (1893). On the psychical mechanism of hysterical phenomena: Preliminary communication from studies on hysteria. In S. Freud, *The Standard Edition of the Complete*

Psychological Works of Sigmund Freud (Vol. 2, pp. 1-17). Hogarth.

Breuer, J., & Freud, J. (1893-1895). *Studies on Hysteria*. In S. Freud, *The Standard Edition of the Complete Psychological Works of Sigmund Freud* (Vol. 2). Hogarth.

Buxton, R. T., McKenna, M. F., Mennit, D. J., Fristrup, K. M., Crooks, K., Angeloni, L., & Wittemeyer, G. (2017). Noise pollution is pervasive in U.S. protected areas. *Science*, *356*(6337), 531-533.

Calaprice, A., & Dyson, F. (Eds.). (2005). *The New Quotable Einstein*. Princeton University Press.

Calvino, I. (1974). *Invisible Cities*. Harcourt. (Trabalho original publicado em 1972).

Calvino, I. (1977). *The Baron in the Trees*. Mariner Books. (Trabalho original publicado em 1957).

Calvino, I. (1988). *Six Memos for the Next Millennium*. Harvard University Press.

Calvino, I. (1993). *La Poubelle Agréée*. In *The Road to San Giovanni* (pp. 91-126; T. Parks, Trans.). Harcourt, 1993. (Trabalho original publicado em 1990).

Cameron, W. B. (1963). *Informal Sociology: A Casual Introduction to Sociological Thinking*. Random House.

Camus, A. (1960). *The Plague*. Penguin Books. (Trabalho original publicado em 1947).

Cappiello, V. (2017). *Attraversare il Paesaggio*. ListLab.

Capra, F. (1982). *The Turning Point: Science, Society, and the Rising Culture*. Bantam Books.

Capra, F., & Mancuso, S. (2019). *Discorso sulle Erbe: Dalla Botanica di Leonardo alle Reti Vegetali*. Aboca.

Carloni, G. (1984). Tatto, contatto e tattica. *Rivista di Psicoanalisi, XXX*(2), 191-205.

Caron, A. (2020). *La Revanche de la Nature*. Albin Michel.

Castoriadis, C. (2007). *La Montée de l'Insignifiance* (Vol. IV: Les Carrefours du Labyrinthe). Seuil.

Chianese, D. (2015). *Come le Pietre e gli Alberi: Psicoanalisi ed Estetica del Vivere*. Alpes Italia.

Chianese, D. (2018). Recensione di Prete A., *Il Cielo Nascosto*, Turin: Bollati Boringhieri, 2016. *Rivista di Psicoanalisi, LXIV*(3), 617-621.

Chiffoleau, J., & Thomas, Y. (2020). *L'Istituzione della Natura*. Quodlibet.

Christin, R. (2014). *L'Usure du Monde: Critique de la Déraison Touristique*. L'Échappée.

Cianciullo, A. (2019). *Un Pianeta ad Aria Condizionata: Chi Paga il Conto del Global Warming?* Aboca.

Cirincione, E. (1991). *Ecologia e Psicoanalisi: Meccanismi Inconsci e Dinamiche Sociali della Crescente Distruttività Ambientale*. Muzzio.

Cohen, S. (2000). *States of Denial: Knowing about Atrocities and Suffering*. Polity Press.

Coltart, N. (1993). *How to Survive as a Psychotherapist*. Sheldon Press.

Conrad, J. (2016). *Heart of Darkness*. W. W. Norton & Company, 2016. (Trabalho original publicado em 1899).

Corrado, M. (2012). *Il Sentiero dell'Architettura Porta nella Foresta*. FrancoAngeli.

Crutzen, P. J. (2005). *Benvenuti nell'Antropocene*. Mondadori.

Currentzis, T. (2019, 19 jul.). Teodor Currentzis, tutta un'altra musica [Entrevista concedida a Giuseppe Videtti]. *Il Venerdì di Repubblica*.

Curtis, V. (2011). Why disgust matters. *Philosophical Transactions of the Royal Society B: Biological Sciences, CCCLXVI*(1583), 3478-3490.

Curtis, V. (2013). *Don't Look, Don't Touch: The Science behind Revulsion*. Oxford University Press.

Danze, E. A. (2005). An architect's view of introspective space: The analytic vessel. *The Annual of Psychoanalysis*, 33, 109-124.

Darwin, C. (1981). *The Descent of Man and Selection in Relation to Sex*. Princeton University Press. (Trabalho original publicado em 1871).

Darwin, C. (2019). *On the Origins of the Species*. Alma Classics. (Trabalho original publicado em 1859).

De Gregorio, C. (2013). *Io Vi Maledico*. Einaudi.

De Martino, E. (2019). *La Fine del Mondo: Contributo all'Analisi delle Apocalissi Culturali*. Einaudi. (Trabalho original publicado em 1977).

De Renzis, G. (2020). Comunicação pessoal com a base de contatos da SPI.

DeLillo, D. (1997). *Underworld*. Picador.

Demailly, L. (2020). Malaise dans la civilisation et dans la psychanalyse: la question de la nature. *Le Coq Héron*, 242, 46-57.

Demetrio, D. (2005). *Filosofia del Camminare: Esercizi di Meditazione Mediterranea*. Cortina.

Derrida, J. (1976). Foreword. Fors: The Anglish words of Nicolas Abraham and Maria Torok. In N. Abraham, & M. Torok, *The Wolf Man's Magic Word: A Cryptonymy* (pp. xi-xvii). University of Minnesota Press.

Descola, P. (2013). *Beyond Nature and Culture*. Chicago University Press. (Trabalho original publicado em 2005).

Desveaux, J.-B. (2020). La crainte de l'effondrement climatique: Angoisses écologiques et incidences sur la psyché individuelle. *Le Coq Héron*, *242*, 108-115.

Di Pietrantonio, D. (2020). *Borgo Sud*. Einaudi.

Diamond, J. (2005). *Collapse: How Societies Choose to Fail or Succeed*. Penguin Books.

Diamond, J. (2019). *Upheaval: Turning Points for Nations in Crisis*. Little, Brown and Company.

Dodds, J. (2011). *Psychoanalysis and Ecology at the Edge of Chaos*. Routledge.

Dorfles, G. (2008). *Horror Pleni: La (In)Civiltà del Rumore*. Castelvecchi.

Edwards, N. (2018). *Darkness: A Cultural History*. Reaktion Books.

Eliot, T. S. (1943). Burnt Norton. In T. S. Eliot, *Four Quartets* (pp. 13-22). Harcourt. (Trabalho original publicado em 1936).

Emery, N. (2007). *L'Architettura Difficile*. Marinotti.

Emery, N. (2011). *Distruzione e Progetto: L'Architettura Promessa*. Marinotti.

Engels, F. (1892). *Socialism: Utopian and Scientific*. Swan Sonnenschein. (Trabalho original publicado em 1880).

Esposito, R. (2008). *Termini della Politica: Comunità, Immunità, Biopolitica* (Vol. 1). Mimesis.

Esposito, R. (2016). *Da Fuori: Una Filosofia per l'Europa*. Einaudi.

Esposito, R. (2020, 20 jun.). Diritti di natura. *Robinson/La Repubblica*.

Fédida, P. et al. (2007). *Humain/Déshumain: La Parole de L'Oeuvre*. PUF.

Ferenczi, S. (1949). Confusion of the tongues between the adults and the child: The language of tenderness and of passion. *International Journal of Psycho-Analysis, 30*, 225-230. (Trabalho original publicado em 1932).

Ferenczi, S. (1988). *The Clinical Diary of Sándor Ferenczi.* Harvard University Press.

Ferenczi, S. (1994). The elasticity of psychoanalytic technique. In S. Ferenczi, *Final Contributions to the Problems and Methods of Psychoanalysis* (pp. 87-101). Routledge. (Trabalho original publicado em 1928).

Ferenczi, S. (2018). *Thalassa: A Theory of Genitality.* Routledge. (Trabalho original publicado em 1924).

Ferruta, A. (2008). *Crossing the bridge: Identità e cambiamento.* Trabalho apresentado no XIV Congresso da SPI.

Ferruta, A. (2020). Coronavirus: a Sphinx of modern times. https://www.cmp-spiweb.it/coronavirus-a-sphinx-of-modern-times/

Floridi, L. (2020). *Il Verde e il Blu: Idee Ingenue per Migliorare la Politica.* Cortina.

Foer, J. S. (2009). *Eating Animals.* Penguin Books.

Foer, J. S. (2019). *We are the Weather: Saving the Planet Begins at Breakfast.* Farrar, Straus & Giroux.

Fognini, M. (2020). À l'ère de catastrophes planétaires dépasser l'"egopsychanalyse" et l'"écologarchie". *Le Coq Héron, 242*(3), 72-77.

Fornari, F. (1964). *Psicanalisi della Guerra Atomica.* Edizioni di Comunità.

Fornari, F. (1975). *The Psychoanalysis of War.* Indiana University Press. (Trabalho original publicado em 1966).

Forrester, J. W. (1971). World dynamics. *Futures, 3*(2), 162-169.

Foucault, M. (1986). *The History of Sexuality* (Vol. 3: The Care of the Self). Vintage Books. (Trabalho original publicado em 1984).

Foucault, M. (1998). The Thought of the Outside. In M. Foucault, *Essential Works of Foucault 1954-1984* (Vol. 2: Aesthetics, Method, and Epistemology, pp. 147-169). The New Press. (Trabalho original publicado em 1966).

Franzen, J. (2021). *What if We Stopped Pretending?* Fourth Estate. (Trabalho original publicado em 2019).

Freud, A. (1971). *Ego and the Mechanisms of Defense*. International Universities Press. (Trabalho original publicado em 1936).

Freud, S. (1900). The Interpretation of Dreams. In S. Freud, *The Standard Edition of the Complete Psychological Works of Sigmund Freud* (Vol. 4, pp. ix-627). Hogarth.

Freud, S. (1905). Three Essays on the Theory of Sexuality. In S. Freud, *The Standard Edition of the Complete Psychological Works of Sigmund Freud* (Vol. 7, pp. 123-246). Hogarth.

Freud, S. (1907). Delusions and Dreams in Jensen's "Gradiva". In S. Freud, *The Standard Edition of the Complete Psychological Works of Sigmund Freud* (Vol. 9, pp. 1-96). Hogarth.

Freud, S. (1911). Formulations on the Two Principles of Mental Functioning. In S. Freud, *The Standard Edition of the Complete Psychological Works of Sigmund Freud* (Vol. 12, pp. 213-226). Hogarth.

Freud, S. (1915). Thoughts for the Time on War and Death. In S. Freud, *The Standard Edition of the Complete Psychological Works of Sigmund Freud* (Vol. 14, pp. 289-300). Hogarth.

Freud, S. (1916). On Transience. In S. Freud, *The Standard Edition of the Complete Psychological Works of Sigmund Freud* (Vol. 14, pp. 303-307). Hogarth.

Freud, S. (1916-1917). Introductory Lectures on Psycho-Analysis. In S. Freud, *The Standard Edition of the Complete Psychological Works of Sigmund Freud* (Vol. 15-16). Hogarth.

Freud, S. (1917). Mourning and Melancholia. In S. Freud, *The Standard Edition of the Complete Psychological Works of Sigmund Freud* (Vol. 14, pp. 237-258). Hogarth.

Freud, S. (1918). From the History of an Infantile Neurosis. In S. Freud, *The Standard Edition of the Complete Psychological Works of Sigmund Freud* (Vol. 17, pp. 1-124). Hogarth.

Freud, S. (1919). The "Uncanny". In S. Freud, *The Standard Edition of the Complete Psychological Works of Sigmund Freud* (Vol. 17, pp. 217-256). Hogarth.

Freud, S. (1920). Beyond the Pleasure Principle. In S. Freud, *The Standard Edition of the Complete Psychological Works of Sigmund Freud* (Vol. 18, pp. 1-64). Hogarth.

Freud, S, (1923). The Ego and the Id. In S. Freud, *The Standard Edition of the Complete Psychological Works of Sigmund Freud* (Vol. 19, pp. 1-66). Hogarth.

Freud, S. (1924). The Economic Problem of Masochism. In S. Freud, *The Standard Edition of the Complete Psychological Works of Sigmund Freud* (Vol. 19, pp. 155-170). Hogarth.

Freud, S. (1926). Inhibitions, Symptoms and Anxiety. In S. Freud, *The Standard Edition of the Complete Psychological Works of Sigmund Freud* (Vol. 20, pp. 75-176). Hogarth.

Freud, S. (1927). The Future of an Illusion. In S. Freud, *The Standard Edition of the Complete Psychological Works of Sigmund Freud* (Vol. 21, pp. 1-56). Hogarth.

Freud, S. (1930). Civilization and its Discontents. In S. Freud, *The Standard Edition of the Complete Psychological Works of Sigmund Freud* (Vol. 21, pp. 59-145). Hogarth.

Freud, S. (1933). Sándor Ferenczi. In S. Freud, *The Standard Edition of the Complete Psychological Works of Sigmund Freud* (Vol. 22, pp. 227-232). Hogarth.

Freud, S. (1937). Constructions in Analysis. In S. Freud, *The Standard Edition of the Complete Psychological Works of Sigmund Freud* (Vol. 23, pp. 255-270). Hogarth.

Freud, S. (1972). Carta de Freud a Lou Andreas-Salomé, 25 de maio. In S. Freud, & L. Andreas-Salomé, *Letters* (p. 45). Chatto & Windus. (Carta original enviada em 1916).

Freud, S. (1986). Lettera a Fliess del 14 settembre. In J. Masson (Coord.), *Lettere a Wilhelm Fliess (1887-1994)* (pp. 457-460). Boringhieri. (Trabalho original publicado em 1900).

Freud, S. (1992). Carta a Alexander Freud, 17 de setembro. In S. Freud, *Letters of Sigmund Freud.* Dover Publications. (Carta original enviada em 1905).

Freud, S. (2002). Cartão-postal à esposa, 13 de setembro. In S. Freud, *Unser Herz zeigt nach dem Süden: Reisebriefe 1895-1923* Aufbau-Verlag. (Cartão original enviado em 1905).

Freud, S. (2003). Cartolina postale a Martha del 13 agosto. In C. Tögel (Coord.), *Il nostro cuore volge a sud: lettere di viaggio soprattutto dall'Italia (1895-1923)* (p. 115). Bompiani. (Trabalho original publicado em 1898).

Freud, S. (2013). Telegrama a Anna Freud, 24 de abril. In S. Freud, & A. Freud, *Correspondence 1904-1938.* Polity Press. (Telegrama original enviado em 1927).

Gaburri, E., & Ambrosiano, L. (2003). *Ululare con i Lupi: Conformismo e Rêverie.* Bollati Boringhieri.

Gadda, C. E. (1991). La nostra casa si trasforma: e l'inquilino la deve subire. In D. Isella, C. Martignoni, & L. Orlando (Eds.),

Saggi, Giornali, Favole (Vol. I, pp. 373-397). Garzanti. (Trabalho original publicado em 1959).

Galimberti, U. (2019, 26 jan.). L'etica per la natura. *La Repubblica.*

Garrett, J. K., Donald, P. F., & Gaston, K. J. (2020). Skyglow extends into the world's key biodiversity areas. *Animal Conservation*, 23(2), 153-159.

Ghosh, A. (2016). *The Great Derangement: Climate Change and the Unthinkable.* University of Chicago Press.

Giblett, R. (2019). *Psychoanalytic Ecology: The Talking Cure for Environmental Illness and Health.* Routledge.

Gnoli, A., & Volpi, F. (2003). In viaggio con Freud. In S. Freud, *Il Nostro Cuore Volge al Sud. Lettere di Viaggio, Soprattutto dall'Italia* (pp. 5-10). Bompiani.

Goldmann, I. (2019). Le basi del concetto di sostenibilità di uno spazio. In M. De Tilla, & L. Militerni (Eds.), *L'Inquinamento Indoor: Aspetti Architettonici, Bio-Giuridici e Medico-Scientifici dell'Abitare.* UTET.

Goldmann, I., Redaelli, E., & Cerveglieri, G. (2019). Dove si generano in architettura le problematiche conseguenti all'inquinamento indoor e come si risolvono con la bioarchitettura. In M. De Tilla, & L. Militerni (Eds.), *L'Inquinamento Indoor: Aspetti Architettonici, Bio-Giuridici e Medico-Scientifici dell'Abitare* (pp. 78-134). UTET.

Grabbe, C. D. (2013). *Hannibal.* Zenodot Verlagsgesellschaft. (Trabalho original publicado em 1835).

Granieri, A. (2016). La comunità contaminata di Casale Monferrato: Aspetti corruttivi della *governance* e sopravvivenza psichica. In L. Ambrosiano, & M. Sarno (Eds.), *Corruttori e Corrotti: Ipotesi Psicoanalitiche* (pp. 107-126). Mimesis.

Greenpeace. (2016). La plastica nel piatto, dal pesce ai frutti di mare. https://www.greenpeace.org/static/planet4-italy-stateless/2018/11/ad9b2c8b-ad9b2c8b-la-plastica-nel-piatto.pdf

Groddeck, G. (1928). *The Book of the It: Psychoanalytic Letters to a Friend*. Nervous and Mental Disease Publishing. (Trabalho original publicado em 1923).

Grotstein, J. S. (2007). *A Beam of Intense Darkness: Wilfred Bion's Legacy to Psychoanalysis*. Karnac.

Halfwerk, W., Bot, S., Buikx, J., van der Velde, M., Komdeur, J., ten Cate, C., & Slabbekoorn, H. (2011). Low-frequency songs lose their potency in noisy urban conditions. *Proceedings of the National Academy of Sciences of the USA*, *108*(35), 14549-14554.

Hamilton, C. (2010). *Requiem for a Species: Why we Resist the Truth about Climate Change*. Earthscan.

Hamilton, C. (2013). What history can teach us about climate change denial. In S. Weintrobe (Ed.), *Engaging with the Climate Change: Psychoanalysis and Interdisciplinary Perspective* (pp. 16-32). Routledge.

Harari, Y. N. (2014). *Sapiens: A Brief History of Humankind*. Vintage. (Trabalho original publicado em 2011).

Haseley, D. (2019). Climate change: Clinical considerations. *International Journal of Applied Psychoanalytic Studies: Climate Change and the Human Factor*, *16*(2), 109-115.

Hegel, G. W. F. (2010). *Science of Logic*. Cambridge University Press. (Trabalho original publicado em 1812-1816).

Heller, Á. (1976). *The Theory of Need in Marx*. Allison and Busby. (Trabalho original publicado em 1974).

Hoggett, P. (2013). Climate change in a perverse culture. In S. Weintrobe (Ed.), *Engaging with the Climate Change: Psychoanalysis and Interdisciplinary Perspective* (pp. 56-71). Routledge.

Illich, I. (1973). *Tools for Conviviality*. Marion Boyars.

Irigaray, L. (2011). Perhaps cultivating touch can still save us. *SubStance*, *40*(3), 130-140.

Jamieson, D., & Mancuso, S. (2017, 16 abr.). La scienza e l'effetto Trump. *La Repubblica*.

Jemisin, N. K. (2015). *The Fifth Season*. Orbit.

Jonas, H. (1979). The Imperative of Responsibility. In H. Jonas, *Search of an Ethics for the Technological Age*. University of Chicago Press.

Jones, E. (1953). *The Life and Work of Sigmund Freud*. Penguin Books.

Jucovy, M. E. (1992). Psychoanalytical contributions to Holocaust studies. *International Journal of Psychoanalysis*, *73*, 267-291.

Jung, C. G. (1961a). *Memories, Dreams, Reflections*. Pantheon Books.

Jung, C. G. (1961b). The tour. In C. G. Jung, *Memories, Dreams, Reflections* (pp. 225-228). Pantheon Books.

Kaës, R. (1993). Le sujet de l'héritage. In R. Kaës, H. Faimberg, M. Enriquez, & J.-J. Baranes, *Transmission de la Vie Psychique entre Générations* (pp. 1-16). Dunod.

Kaës, R. (2012). *Le Malêtre*. Dunod.

Kaës, R. (2013, 13 abr.). *Malessere sociale e malessere individuale: alleati o nemici?* Trabalho apresentado no seminário "Malessere sociale e malessere individuale: alleati o nemici?", do Centro Psicoanalitico di Firenze.

Kakar, S. (1997). *Culture and Psyche: Selected Essays*. Oxford University Press.

Keene, J. (2013). Unconscious obstacles to caring for the planet: Facing up to human Nature. In S. Weintrobe (Ed.), *Engaging with the Climate Change: Psychoanalysis and Interdisciplinary Perspective* (pp. 144-159). Routledge.

Kestenberg, J. (1989). Transposition revised: Clinical, therapeutic and developmental considerations. In P. Marcus, & A. Rosenberg (Eds.), *Healing Their Wounds: Psychotherapy with Holocaust Survivors and their Families* (pp. 67-82). Praeger.

Khan, M. M. R. (1983). *Hidden Selves: Between Theory and Practice in Psychoanalysis*. Routledge.

Klein, M. (1978). Un contributo alla psicogenesi degli stati maniaco depressivi. In M. Klein, *Scritti 1921-1958* (pp. 297-325). Boringhieri. (Trabalho original publicado em 1935).

Klein, M. (1997). Notes on some schizoid mechanisms. In M. Klein, *Envy And Gratitude and Other Works 1946-1963* (pp. 1-24). Vintage. (Trabalho original publicado em 1946).

Kohut, H. (1985). On the continuity of the self and cultural selfobjects. In C. B. Strozier (Ed.), *Self Psychology and the Humanities: Reflections on a New Psychoanalytic Approach* (pp. 232-243). Norton & Company, 1985. (Trabalho original publicado em 1981).

Lacan, J. (1979). *The Four Fundamental Concepts of Psychoanalysis*. Penguin Books. (Trabalho original publicado em 1964).

Lacan, J. (1992). *The Seminar of Jacques Lacan: The Ethics of Psychoanalysis (Book VII)*. Norton. (Trabalho original publicado em 1959-1960).

Lagomarsini, S. (2017). *Coltivare e Custodire: Per una Ecologia senza Miti*. Libreria Editrice Fiorentina.

Laing, R. D. (1967). *The Politics of Experience and the Bird of Paradise*. Penguin Books.

Landrigan, P. J. et al. (2017, 19 out.). The *Lancet* Commission on Pollution and Health. *The Lancet*.

Lanternari, V. (2003). *Ecoantropologia: Dall'Ingerenza Ecologica alla Svolta Etico-Culturale*. Dedalo.

Latouche, S. (2009). *Farewell to Growth*. Polity Press. (Trabalho original publicado em 2007).

Latouche, S. (2019, 3 mar.). La mia decrescita? No che non è felice [Entrevista concedida a Anais Ginori]. *Robinson/La Repubblica*.

Latour, B. (2017). *Facing Gaia: Eight Lectures on the New Climatic Regime*. Polity Press. (Trabalho original publicado em 2015).

Lauret, M. (2020). *Que peut nous enseigner la crise chinoise du Covid-19?* https://mailchi.mp/f677ece6ec42/des-nouvelles-de-chine?e=efbad4f646

Le Roy Ladurie, E. (2011). *Times of Feast, Times of Famine: A History of Climate since the Year 1000*. Farrar, Straus & Giroux. (Trabalho original publicado em 1957).

Leogrande, A. (2018). *Dalle Macerie: Cronache sul Fronte Meridionale*. Feltrinelli.

Leopardi, G. (1983). Dialogue of Nature and an Icelander. In G. Leopardi, *The Moral Essays (Operette Morali)*. Columbia University Press. (Trabalho original publicado em 1824).

Leopardi, G. (2013). *Zibaldone: The Notebook of Leopardi*. Farrar, Straus & Giroux. (Trabalho original publicado em 1817-1832).

Lertzman, R. A. (2013). The myth of apathy: Psychoanalytic explorations of environmental subjectivity. In S. Weintrobe (Ed.), *Engaging with the Climate Change: Psychoanalysis and Interdisciplinary Perspective* (pp. 115-133). Routledge.

Lertzman, R. A. (2015). *Environmental Melancholia: Psychoanalytic Dimensions of Engagement*. Routledge.

Levi, P. (1959). *If This is a Man*. The Orion Press. (Trabalho original publicado em 1947).

Liberman, D. (1970-1972). *Lingüística, Interacción Comunicativa y Proceso Psicoanalítico* (Vol. I-III). Galerna.

Lilla, M. (2016). *The Shipwrecked Mind: On Political Reaction*. New York Review Books.

Lingiardi, V. (2017). *Mindscapes: Psiche nel Paesaggio*. Cortina.

Lombardozzi, A. (2006). Gaia. Riflessioni a proposito del libro *Ecoantropologia* di Vittorio Lanternari. In A. Lombardozzi, *Figure del Dialogo: tra Antropologia e Psicoanalisi* (pp. 152-164). Borla.

Lombardozzi, A. (2020). Cambiamenti climatici e crisi ambientale: Pensieri psicoanalitici su un'ecologia antropologica. *Rivista di Psicoanalisi, LXVI*(3), 669-685.

Lynch, K. (1991). *Wasting Away. An Exploration of Waste: What It Is, How It Happens, Why We Fear It, How To Do It Well.* Random House.

Lynch, K., & Hack, G. (1962). *Site Planning.* MIT Press.

Magnason, A. S. (2020). *On Tine and Water*. Profile Books. (Trabalho original publicado em 2019).

Magnenat, L. (2019a). Introduction. In L. Magnenat (Ed.), *La Crise Environnementale sur le Divan* (pp. 1-8). In Press.

Magnenat, L. (2019b). Les processus inconscients en jeu dans la crise environnementale: l'article d'un pionnier de la psychanalyse intéressée à l'écologie, Harold Searles. In L. Magnenat (Ed.), *La Crise Environnementale sur le Divan* (pp. 26-28). In Press.

Magnenat, L. (2019c). Le propre de l'homme à l'âge de l'Anthropocène: *Homo Sapiens Demens*. In L. Magnenat (Ed.), *La Crise Environnementale sur le Divan* (pp. 145-248). In Press.

Magnenat, L. (2021). "Think like a mountain" – "to think Oedipus": a psychoanalytic contribution to environmental ethics. *International Journal of Psychoanalysis, 102*(4), 734-754.

Mancuso, S. (2019). *La Nazione delle Piante*. Laterza.

Mancuso, S. (2020, 1 jul.). Curiamo le metropoli come fossero piante. *La Repubblica*.

Mancuso, S., Petrini, C., & Pompili, D. (2019). Appello "Un albero in più". https://comunitalaudatosi.org›un-albero-in-piu

Manguel, A. (2007). *The City of Words (CBC Massy Lecture)*. House of Anansi.

Mann, T. (1999). Freud and the future. In T. Mann, *Death in Venice, Tonio Kroeger and Other Writings* (pp. 279-296). Continuum. (Trabalho original publicado em 1936).

Mappa, S. (2020). Le morcellement du monde: Environnement et psychanalyse. *Le Coq Héron*, *242*, 58-67.

Marcuse, H. (1955). *Eros and Civilization: A Philosophical Inquiry into Freud*. Beacon Press.

Marshall, G. (2005). *Sleepwalking into Disaster: Are We in a State of Denial about Climate Change?* http://www.networkforclimateaction.org.uk/toolkit/positive_alternatives/people_and_society/COIN_Are_we_in_a_State_of_Denial_about_Climate_Change.pdf

Marx, K. (1841). *The Difference between the Democritean and Epicurean Philosophy of Nature*. www.marxist.org

Marx, K. (1990). *Capital* (Vol. I). Penguin Books. (Trabalho original publicado em 1867).

Marx, K. (2007). *Economic and Philosophic Manuscripts of 1844*. Dover. (Trabalho original publicado em 1844).

Mathieu, N. (2020). *And Their Children After Them*. Other Press. (Trabalho original publicado em 2018).

Matot, J.-P. (2020). *Le Soi-Disséminé: Une Perspective Écosystémique et Métapsychologique*. L'Harmattan.

Mauri, P. (2007). *Buio*. Einaudi.

McGuire, W., & Hull, R. F. C. (1977). *C.G. Jung Speaking. Interviews and Encounters*. Princeton University Press.

Meadows, D. H., Meadows, D. L., Randers, J., & Behrens III, W. W. (1972). *The Limits to Growth*. Universe Books.

Meltzer, D. (1967). *The Psychoanalytical Process*. Heinemann Medical Books.

Meltzer, D. (2018). *Studies of Extended Metapsychology: Clinical Applications of Bion's Ideas*. Harris Meltzer Trust. (Trabalho original publicado em 1986).

Meotti, F. (1992). Review of *Ecologia e Psicoanalisi* by Ezio Cirincione, Padua: Muzzio, 1991. *Rivista di Psicoanalisi*, *XXXVIII*(2), 546-548.

Mercalli, L. (2016). *Il Mio Orto tra Cielo e Terra: Appunti di Meteorologia e Ecologia Agraria per Salvare Clima e Cavoli*. Aboca.

Mercalli, L. (2018). *Non c'è Più Tempo: Come Reagire agli Allarmi Ambientali*. Einaudi.

Merleau-Ponty, M. (2013). *Phenomenology of Perception*. Routledge. (Trabalho original publicado em 1945).

Miller, S. B. (1986). Disgust: Conceptualization, development and dynamics. *International Review of Psychoanalysis*, *13*, 295-307.

Miller, S. B. (1993). Disgust reactions: Their determinants and manifestations in treatment. *Contemporary Psychoanalysis*, *29*, 711-734.

Mirzoeff, N. (2015). *How to See the World*. Penguin Books.

Mistura, S. (2001). Introduzione. In S. Mistura (Ed.), *Figure del Feticismo* (pp. VII-XXVI). Einaudi.

Monterosa, L. (2013). Lo spazio sonoro nella stanza di analisi. *Rivista di Psicoanalisi*, *LIX*(3), 573-590.

Monti, M., & Redi, C. A. (Eds.). (2019). *Con-dividuo: Cellule e Genomi – XVII Corso*. Ibis.

Moore, C., & Phillips, C. (2011). *Plastic Ocean: How a Sea Captain's Chance Discovery Launched a Determined Quest to Save the Oceans*. Avery.

Moresco, A. (2018). *Il Grido*. SEM.

Morin, E. (2016). *Écologiser l'Homme: La Nature du Futur et le Futur de la Nature*. Lemieux.

Morton, T. (2007). *Ecology Without Nature: Rethinking Environmental Aesthetics*. Harvard University Press.

Nancy, J.-L. (2014). After tragedy. In L. Cull, & A. Lagaay (Eds.), *Encounters in Performance Philosophy* (pp. 279-289). Palgrave Macmillan.

Nicholsen, S. W. (2002). *The Love of Nature and the End of the World: The Unspoken Dimensions of Environmental Concern*. MIT Press.

Niola, M. (2020, 4 jan.). Non si tratta solo di carne si o no. Etica, coscienza, ambiente, rapporti con le altre specie. È arrivato il momento di confrontarsi senza fanatismo e sarcasmo. *La Repubblica*.

Nissim Momigliano, L. (1988). Il *setting*: tema con variazioni. *Rivista di Psicoanalisi*, *XXXIV*(4), 604-683.

Odum, E. P. (1983). *Basic Ecology*. Harcourt Brace.

Offill, J. (2020, 17 mar.). Amare e sperare di questi tempi [Entrevista concedida a Michele Neri]. *La Repubblica*.

Offill, J. (2020). *Weather, A Novel*. Alfred A. Knopf.

Pallante, M. (2007). *La Decrescita Felice: La Qualità della Vita non Dipende dal PIL*. Editori Riuniti.

Pallasmaa, J. U. (2004). Introduzione. In D. Martellotti, *Architettura dei Sensi* (pp. 13-16). Mancosu.

Pasolini, P. P. (1975). Disappearance of the fireflies. https://www.diagonalthoughts.com/?p=2107

Pasolini, P. P. (2015). *The Long Road of Sand*. Contrasto. (Trabalho original publicado em 1959).

Pavese, C. (2002). *The Moon and the Bonfires*. New York Review Books. (Trabalho original publicado em 1950).

Pera, P. (2016). *Al Giardino Ancora non l'ho Detto*. Ponte alle Grazie.

Petrini, C. (2020). *Terrafutura. Dialoghi con Papa Francesco sull'ecologia integrale*. Gedi.

Piano, R. (2018, 10 ago.). Tornate indietro. Pronti a organizzare un Periferia Pride [Entrevista concedida a Francesco Merlo]. *La Repubblica*.

Pichon-Rivière, E. (1971). *El Proceso Grupal: Del Psicoanálisis a la Psicología Social*. Nueva Visión.

Pistoletto, M. (2019, 20 dez.). Noi artisti siamo i giardinieri del pianeta [Entrevista concedida a Chiara Gatti]. *La Repubblica*.

Platão. (2003). *The Symposium*. Penguin Books. (Trabalho original publicado em 385-370 a.C.).

Plummer, H. (2016). *The Experience of Architecture*. Thames Hudson.

Polla-Mattiot, N. (2017). Pieno e vuoto. In M. Francesconi, & D. Scotto di Fasano (Eds.), *Aree di Confine: Cosa, Corpo, Parole tra Filosofia e Psicoanalisi* (pp. 159-167). Mimesis.

Pontalis, J.-B. (1993). *Love of Beginnings*. Free Association Books. (Trabalho original publicado em 1986).

Popper, K. R. (1945). *The Open Society and Its Enemies*. Routledge.

Porter, S. D., Reay, D. S., Bomberg, E., & Higgins, P. (2018). Avoidable Food Losses and Associated Production-Phase Greenhouse Gas Emissions Arising from Application of Cosmetic Standards to Fresh Fruit and Vegetables in Europe and the UK. *Journal of Cleaner Production*, *20*(10), 869-878.

Powers, R. (2018). *The Overstory*. W. W. Norton & Company.

Press, J. (2019). Psychanalyse et crise environnementale. In L. Magnenat (Ed.), *La Crise Environnementale sur le Divan* (pp. 261-270). In Press.

Preta, L. (2015). *The Brutality of Things: Psychic Transformations of Reality*. Mimesis-International.

Preta, L. (2018). Recensione di *Mindscapes, Psiche nel Paesaggio* di Vittorio Lingiardi, Milan: Cortina, 2017. *Rivista di Psicoanalisi, LXIV*(1), 197-201.

Preta, L. (2019). Breve storia di Geografie della psicoanalisi. *Psiche*, 2, 571-583.

Prete, A. (2016). *Il Cielo Nascosto: Grammatica dell'Interiorità*. Bollati Boringhieri.

Puget, J., & Wender, L. (1982). Analista y paciente en mundos superpuestos. *Psicoanálisis*, *4*(3), 503-536.

Quammen, D. (2012). *Spillover: Animal Infections and the Next Human Pandemic*. W. W. Norton & Company.

Quammen, D. (2018). *The Tangled Tree: A Radical New History of Life*. Simon & Schuster.

Quinodoz, D. (2003). *Words That Touch: A Psychoanalyst Learns to Speak*. Karnac. (Trabalho original publicado em 2002).

Randall, R. (2005). A new climate for psychotherapy? *Psychotherapy and Politics International*, *3*, 165-179.

Randall, R. (2009). Loss and climate change: The cost of the parallel narratives. *Ecopsychology*, *3*, 165-179.

Ravignant, P. (1960). *The Cities of the Bald*. Barrie & Rockliff.

Rea, E. (2002). *La Dismissione*. Rizzoli.

Rhys, J. (2000). *Voyage in the Dark*. Penguin Books. (Trabalho original publicado em 1934).

Ricci, G. (1995). *Le Città di Freud: Itinerari, Emblemi, Orizzonti di un Viaggiatore*. Jaca Book.

Rich, N. (2019). *Losing Earth: A Recent History*. Farrar, Straus & Giroux.

Rifkin, J., & Howard, T. (1980). *Entropy*. Viking Press.

Rigotti, F. (2020). *Buio*. Il Mulino.

Rimbaud, A. (1957). *Illuminations and Other Prose Poems*. New Directions. (Trabalho original publicado em 1886).

Ripple, W. J. et al. (2017). World scientists' warning to humanity: A second notice. *BioScience*, *67*(12), 1026-1028.

Romeo, S. (2018). Introduzione. In A. Leogrande, *Dalle Macerie: Cronache sul Fronte Meridionale* (pp. 15-22). Feltrinelli.

Roszak, T. (2009). A Psyche as big as the Earth. In L. Buzzell, & C. Chalquist (Eds.), *Ecotherapy: Healing with Nature in Mind* (pp. 30-36). Sierra Club Books.

Russo, M. (2016). Uscire dalla psicosi urbana: per una nuova idea di comunità. In A. D'Angiò, M. Guelfo, & D. Mazzoleni (Eds.), *La Città Psicotica* (pp. 59-66). Guida.

Rust, M.-J. (2008). Climate on the couch: Unconscious processes in relation to our environmental crisis. *Psychotherapy and Politics International*, *6*(3), 157-170.

Rustin, M. (2013). How is climate change an issue for psychoanalysis? In S. Weintrobe (Ed.), *Engaging with the Climate Change: Psychoanalysis and Interdisciplinary Perspective* (pp. 170-185). Routledge.

Rykwert, J. (1988). *The Idea of a Town: The Anthropology of Urban Form in Rome, Italy and the Ancient World*. MIT Press. (Trabalho original publicado em 1963).

Rykwert, J. (2000). *The Seduction of Place: The History and Future of Cities*. Vintage Books.

Sacks, J. (2020). *Morality: Restoring the Common Good in Divided Times*. Basic Books.

Salomé, L. A. (1987). *The Freud Journal*. Quartet Books. (Trabalho original publicado em 1958).

Samuel, H. (2019, 24 maio). French mayor seeks heritage status for sounds of the countryside as residents complain about cockerels and chows. *The Telegraph*.

Saramago, J. (1995). *Blindness*. Harcourt Publishing.

Sarno, M. (2016). "Tempi che strapiombano": Note di psicoanalisi allargata "sopra lo stato presente dei costumi degli italiani". Illegalità, corruzione, criminalità. In L. Ambrosiano, & M. Sarno (Eds.), *Corruttori e Corrotti: Ipotesi Psicoanalitiche* (pp. 25-43). Mimesis.

Saviano, R. (2006). *Gomorrah: Italy's Other Mafia*. Farrar, Straus & Giroux.

Scaffai, N. (2017). *Letteratura e Ecologia: Forme e Temi di una Relazione Narrativa*. Carocci.

Scanlan, J. (2005). *On Garbage*. Reaktion Books.

Schiavone, A. (2020). *Progresso*. Il Mulino.

Schinaia, C. (2016). *Interno Esterno: Sguardi Psicoanalitici su Architettura e Urbanistica*. Alpes Italia.

Schinaia, C. (2018a). *On Paedophilia*. Routledge. (Trabalho original publicado em 2001).

Schinaia, C. (2018b). *Psychoanalysis and Architecture: The Inside and the Outside*. Routledge. (Trabalho original publicado em 2014).

Schinaia, C. (2018c). L'inconscient coquin d'un "enfant perdu". L'aventure inquiétante de Freud à Gênes. *Revue Française de Psychanalyse*, *LXXXII*(5), 1495-1500.

Schinaia, C. (2019a). Respect for the environment: Psychoanalytic reflections on the ecological crisis. *International Journal of Psychoanalysis, 100*(2), 272-286.

Schinaia, C. (2019b). *Facing up to the risks of climate change.* https://www.ipa.world/IPA/en/News/Facing_up_to_the_Risks_of_Climate_Change.aspx

Schinaia, C. (2019c, 7 nov.). *La psicoanalisi di fronte alla crisi ecologica* [Entrevista concedida a Dimitris Malidelis]. https://www.spiweb.it/cultura-e-societa/stampa/rassegna-stampa-2/la-psicoanalisi-di-fronte-alla-crisi-ecologica-d-malidelis-intervista-c-schinaia-7-novembre-2019/

Schinaia, C. (2020). La crisi ecologica e la sofferenza psichica: Note su psicoanalisi e ecologia. In G. Mantione, & E. Romanelli (Eds.), *Il Corpo della Terra: La Relazione Negata. Da una Visione Egologica a una Visione Ecologica* (pp. 303-328). Castelvecchi.

Searles, H. F. (1960). *The Nonhuman Environment: In Normal Development And Schizophrenia.* International Universities Press.

Searles, H. F. (1972). Unconscious processes in relation to the environmental crisis. *Psychoanalytic Review*, 59(3), 361-374.

Segal, H. (1987). Silence is the real crime. *International Review of Psychoanalysis*, 14, 3-12.

Sennett, R. (2018). *Building and Dwelling: Ethics for the City.* Allen Lane.

Settis, S. (2013). *Il Paesaggio come Bene Comune.* La Scuola di Pitagora.

Simmel, G. (1971). The Metropolis and Mental Life. In G. Simmel, *On Individuality and Social Forms* (pp. 324-339). Chicago University Press. (Trabalho original publicado em 1903).

Sironi, F. (2019, 10 nov.). Alice nel paese dei semi liberi: dove si coltivano le specie che le multinazionali boicottano. *L'Espresso*.

Smith, V. (2018). *Clean: A History of Personal Hygiene and Purity*. Oxford University Press.

Southworth, M. (1990). Looking at Waste. In K. Lynch, *Wasting Away* (pp. 119-145). Sierra Club Books.

Spitz, R. A. (1965). *The First Year of Life: A Psychoanalytic Study of Normal and Deviant Development of Object Relations*. International Universities Press.

Steiner, J. (2018). Time and the Garden of Eden illusion. *International Journal of Psychoanalysis*, *99*(6), 1274-1287.

Steiner, R. (1989). It's a new kind of diaspora... *International Review of Psychoanalysis*, *16*, 35-78.

Stoll-Kleemann, S., O'Riordan, T., & Jaeger, C. C. (2001). The psychology of denial concerning climate mitigation measures: Evidence from Swiss focus group. *Global Environmental Change*, *11*, 107-117.

Storr, A. (2014). *Human Destructiveness: The Roots of Genocide and Human Cruelty*. Routledge. (Trabalho original publicado em 1972).

Stuart-Smith, S. (2020). *The Well Gardened Mind: Rediscover Nature in the Modern World*. William Collins.

Tanizaki, J. (1977). *In Praise of Shadows*. Leete's Island Books. (Trabalho original publicado em 1933).

Tedesco, M., & Flores D'Arcais, A. (2019). *Ghiaccio: Viaggio nel Continente che Scompare*. Il Saggiatore.

Thoreau, H. D. (1995). *Walden; or, Life in the Woods*. Dover. (Trabalho original publicado em 1854).

Thunberg, G. (2019). *No One is Too Small to Make a Difference*. Penguin Books.

Thunberg, G., Thunberg, S., Ernman, M., & Ernman, B. (2020). *Our House Is on Fire: Scenes of a Family and a Planet in Crisis*. Penguin Books.

Trosman, H., & Simmons, R. D. (1973). The Freud library. *Journal of American Psychoanalytic Association*, *21*(3), 646-687.

Van Aken, M. (2020). *Campati per Aria*. Eleuthera.

Vassallo Torrigiani, M. G. (2014, dez.). Psicoanalisi e "crisi ecologica". https://www.spiweb.it/dossier/per-una-nuova-ecologia-dicembre-2014

Venturi Ferrioli, M. (2019). *Oltre il Giardino: Filosofia del Paesaggio*. Einaudi.

Viola, A. (2020). *Flower Power: Le Piante e i Loro Diritti*. Einaudi.

Virgílio. (1990). *The Aeneid*. Vintage Books. (Trabalho original publicado em 29-19 a.C.).

Virilio, P. (2005). Il mondo fragile [Entrevista concedida a Daniel Binswanger]. *Internazionale*, *12*(573), 28-32.

Voltaire (1991). *Candide*. Dover. (Trabalho original publicado em 1759).

Weber, M. (2015). Politics as a vocation. In T. Waters, & D. Waters (Eds.), *Weber's Rationalism and Modern Society: New Translations on Politics, Bureaucracy, and Social Stratification* (pp. 129-178). Palgrave Macmillan. (Trabalho original publicado em 1919).

Weintrobe, S. (2013a). Introduction. In S. Weintrobe (Ed.), *Engaging with the Climate Change: Psychoanalysis and Interdisciplinary Perspective* (pp. 1-15). Routledge.

Weintrobe, S. (2013b). The difficult problem of anxiety in thinking about climate change. In S. Weintrobe (Ed.), *Engaging with the Climate Change: Psychoanalysis and Interdisciplinary Perspective* (pp. 33-47). Routledge.

Weintrobe, S. (2013c). On the Love of Nature and on Human Nature. Restoring Split Internal Landscapes. In S. Weintrobe (Ed.), *Engaging with the Climate Change: Psychoanalysis and Interdisciplinary Perspective* (pp. 199-213). Routledge.

Weintrobe, S. (2019). *On Climate Change Denial*. https://www.ipa.world/IPA/en/News/News_articles_reviews/On_Climate_Change_Denial.aspx

Weintrobe, S. (2021). *Psychological Roots of the Climate Crisis: Neoliberal Exceptionalism and the Culture of Uncare*. Bloomsbury.

Winnicott, D. W. (1960). The theory of the parent-infant relationship. *International Journal of Psychoanalysis*, *41*, 585-595.

Winnicott, D. W. (1965). *The Maturational Processes and the Facilitating Environment: Studies in the Theory of Emotional Development*. International Universities Press.

Winnicott, D. W. (1974). Fear of breakdown. *International Review of Psycho-Analysis*, *1*(1-2), 103-107.

Winnicott, D. W. (1986). Berlin walls. In D. W. Winnicott, *Home is Where We Start From: Essays by a Psychoanalyst* (pp. 221-227). Penguin Books. (Trabalho original publicado em 1969).

Zagaria, C. (2013). *Veleno: La Battaglia di una Giovane Donna nella Città Ostaggio dell'Ilva*. Sperling & Kupfer.

Zagrebelsky, G. (2017). *Diritti per Forza*. Einaudi.

Zanzotto, A. (2013). *Luoghi e Paesaggi*. Bompiani.

Zeniter, A. (2017). *The Art of Losing*. Farrar, Straus and Giroux.

Žižek, S. (1992). *Looking Awry: An Introduction to Lacan trough Popular Culture*. MIT Press.

Žižek, S. (2007). Censorship today: Violence, or ecology as a new opium for the masses. http://www.lacan.com/zizecology1.htm

Zoja, L. (2017). *Nella Mente di un Terrorista: Conversazione con Omar Bellicini*. Einaudi.

GRÁFICA PAYM
Tel. [11] 4392-3344
paym@graficapaym.com.br